MATERIALS INFORMATION

Prologue

지구를 지키는 재료

언젠가부터 건축가란 환경을 극도로 파괴하며 사는 직업이라는 생각이 들었다. 지구를 갉아먹은 덕에 먹고 살 수 있었다는 죄책감이 여태껏 다져 왔던 건축에 대한 생각을 변화시키고 있다.

환경파괴는 인간의 무지에서 비롯됐다. 이대로라면 복원력을 상실한 지구에서 생명은 사라질 것이다. 그다지 먼 미래의 이야기가 아니다. 20세기 초 시작된 콘크리트 건축은 제2차 세계대전으로 폐허가 된 지역을 빠르게 복구하는 데에는 탁월했으나 재활용, 재사용이 불가능한 거대 폐기물 덩어리를 남기며 환경을 파괴해 왔다. 실제로 건축 분야에서 배출하는 이산화탄소의 양은 전체 산업의 30% 이상을 차지한다. 동시에 자연 서식지에 미치는 영향도 상당하다. 무언가를 만들어내는 일은 필연적으로 자원을 소모하고 탄소를 배출한다. 건축계 종사자들은 지구에 대한 책임에서 결코 자유로울 수 없다. 2019년 유럽에서는 기후와 생태계 붕괴 위기를 해결하기 위해 건축계 협력체인 ACAN Architects Climate Action Network을 설립했다. 그러나 시작하자마자 난관에 부딪혔다. 협력체의 주축이었던 포스터앤파트너스 Foster+Partners와 자하 하디드 아키텍츠 Zaha Hadid Architects, 두 건축사사무소가 탈퇴한 것이다. 대량의 탄소를 배출하는 공항 설계공모에 참여한다는 이유에서였다. 그들은 환경에 대한 책임을 다하는 대신 현실적인 실리를 선택했다. 이 사건은 현재의 건축 시스템으로는 미래 환경 기준을 지키기에 역부족임을 단편적으로 보여주는 사례다.

피할 수 없는 문제라면 그것을 똑바로 직면하는 자세가 필요하다. 그 첫걸음은 저탄소, 친환경, 순환 등의 관점에서 건축을 섬세하게 해석하는 일이다. 이를 위해서는 물리적, 기술적 자원을 꾸준히 살피며 지속가능하게 성장할 수 있는 방법을 고민해야 한다. 쓰레기를 줄이고 자원을 재활용한다는 원칙을 지켰을 때 기후변화를 저지하는 친환경 건축을 이루어 낼 수 있다.

오랫동안 우리와 함께해 온 '목재'와 '종이'는 이 원리에 가장 적합한 소재다. 탄소를 저장하고 자연의 자양분으로 다시 돌아가는 이 전통 재료는 미래 시대의 희망으로서 무한한 가능성과 가치를 지닌다. 소재의 특성과 한계를 넘어서는 기술 연구는 목재와 종이를 저탄소 소재로 빠르게 전환시키고 있다.

미래의 건축이 나무를 심는 행위와 같았으면 좋겠다. 땅을 복원하고 미생물이 자라며, 보다 많은 생명을 품는 하나의 생태계가 되어 생명을 살리는 나무처럼 말이다. 이러한 시선이 보편적인 가치로 함께하는 때에 비로소 펼쳐지게 될, 목조 빌딩을 넘어 청명해진 하늘을 상상해 본다.

-
2022년 3월
발행인 윤재선

발행 배포_에잇애플㈜
First published and distributed by 8apple ltd.

GARM magazine

에잇애플 주식회사
06580 서울특별시 서초구 서래로 6 B102
T: 02-537-1536
E-mail: info@8apple.kr
garmmagazine.com
🅞 garm_magazine
🅕 garmssi

감18 목재²
GARM ISSUE 18 WOOD²

초판 1쇄 발행 2022년 3월 7일
초판 2쇄 발행 2025년 6월 18일

발행인_ 윤재선
에디터_ 정신오, 정경화, 박우진 | 디자인_ 그래픽스튜디오베이스
사진_ 이수연 | 교정·교열_ 하명란

발행처_ 에잇애플(주)
출판등록 2017. 4. 14.(제2017-000078호)
ISBN 979-11-89485-17-7 | 979-11-89485-16-0(세트)

※
이 책은 저작권법에 따라 보호받는 저작물이므로 무단전재와 무단복제를
금지하며, 이 책 내용의 일부 또는 전부를 이용하려면 반드시 사전에
저작권자와 출판권자의 서면 동의를 받아야 합니다.

All rights reserved. No part of this publication may be reproduced,
stored in a retrieval system, or transmitted in any form or by any
means, electronic, mechanical, photocopying, recording, or
otherwise, without prior consent of the publisher.
Printed in Seoul, South Korea

GARM

감18
목재²

GARM ISSUE 18
WOOD²

garmSSI

Editorial Letter

우드 오디세이,
그 여정의 한가운데서

2022년 1월, 미국의 과학잡지 『핵과학자회보Bulletin of the Atomic Scientists』는 최후의 날을 예고하는 지구 종말 시계가 11시 58분 20초를 가리켰다고 발표했다. 핵무기와 기후변화로 앞당겨진 시계 바늘은 자정까지 고작 100초만을 남기고 있다. 특히 기후변화는 우리의 생활에 깊이 스며들어 계속해서 시계 바늘을 재촉한다. 건축은 문제의 주범인 온실가스, 그중에서도 이산화탄소의 배출량이 전체의 3분의 1가량을 차지하며 기후변화를 부추기는 주요 산업으로 꼽힌다. 감 매거진 일곱 번째 시즌은 재료가 공간을 넘어 사회 전반에서 어떻게 기능할 수 있는지를 고민하는 자리다.

친환경의 기준은 여러 가지다. 자연에서 난 재료를 이용하는 것에서부터 유해물질을 방출하지 않는 것, 재활용이나 재사용이 가능하고, 쓰임을 다한 후에는 자연적으로 분해되어 폐기물을 남기지 않는 것까지. 이 많은 조건을 하나하나 따지며 범위를 좁힌 끝에 최종으로 선택한 재료가 목재와 종이다. 목재는 창간호로 이미 한 차례 소개한 바 있다. 구태여 다시 한번 짚는 것은 탄소를 저장하는 능력과 제조 과정에서 온실가스를 적게 배출하는 특성이 건축의 친환경을 실현할 핵심 열쇠이기 때문이다. 편집팀은 이 점에 집중해 친환경 재료로서 목재가 어떻게 변모하고 있는지 살피기로 했다.

건축에서 친환경을 실천한다고 하면 대개는 구축 과정이나 에너지 시스템에 집중하고 재료에는 그다지 관심을 두지 않는다. 그러나 재료는 변화의 시작점이다. 단편적으로 목재의 물성을 보완하기 위해 개발된 공학목재는 원목보다 더 큰 하중을 지탱하며 대규모 공간을 구축해 낸다. 목조건축이 일찌감치 발달한 북미와 유럽에서는 목재를 이용한 초고층 건물을 선보이며 끊임없이 재료의 한계에 도전한다. 불가능하게만 느껴졌던 우드스크레이퍼Woodscraper는 어느새 목조건축의 새로운 트렌드로 자리 잡았다. 여기에 디지털 패브리케이션이 더해지면서 목조건축의 문턱은 다시 한번 낮아졌다. 특히 수천 개의 부재를 분류하는 3D 엔지니어링과 불규칙한 곡면도 거뜬히 구현하는 CNC 공법은 가공이 어렵고, 과정이 번거로운 목구조의 단점을 해소한다. 나날이 새롭게 진화하는 모습을 보고 있자면 "디자이너의 창조력은 기술을 따라간다"는 건축가 김재경의 말이 깊게 와닿는다.

지금까지 우리는 열일곱 가지 재료를 살펴보며 소재를 탐구하는 여정을 이어왔다. 그러나 이 책만큼은 잠시 걸음을 멈추고 지나온 길을 돌이켜 보는 기회가 되길 바란다. 오늘의 위치를 가늠하는 일이 내일 더 큰 걸음을 내딛게 하는 든든한 초석이 되어줄 테니.

—
책임에디터 정신오

우리나라는 1970년대 산림녹화 시기에 심은 목재 자원이
꾸준히 성장하여 활용을 기대해도 좋을 시기에 이르렀다.

나무 한 그루를 벌채하면 총 80% 정도를 사용하고,
그중 30%는 가공을 거쳐 건축재가 된다.

CNC 라우터 가공이나 레이저 커팅, 3D 프린팅 등 디지털 프로그램을 이용한 제조 방식은 현장에서 진행하는 작업을 최소화해 시공 과정에서 발생하는 환경 부하를 줄인다.

공장에서 제작하고 현장에서 조립하는
프리패브리케이션 공법이 도입되면서
목조건축의 모습은 더욱 다채로워졌다.

건축가 쿠마 켄고는 도쿄의 서니힐스 재팬(2013)에서 목재를 비스듬하게 결구해 입체적인 파사드를 구현했다.

강원도 춘천에 위치한 스테이 오월학교.
목재는 공간에 따스한 분위기를 자아내며 분교 시절의 모습을 연상케 한다.

1
WOOD IN ECO-FRIENDLY AGE

22
Issue
탄소중립 시대의 건축

24
Keyword
목재는 왜 저탄소 자재일까?

26
Reportage
국내 목재산업의 현주소

34
Project
지속 가능한 목조건축

36
오늘은 한옥, 내일은 한국인의 집:
구가도시건축 조정구 대표

44
첨단 기술과 섬세한 조율이 빚어낸 건축미:
블루머 레만 카타리나 레만 회장

Contents

2
ISSUE OF WOOD ARCHITECTURE

54
Types
공학목재 바로 알기

58
Interview
기본기부터 탄탄한 공학목재:
에스와이우드

62
Interview
국내 공학목재 시장의 선구자:
경민산업

66
Structure
탄소중립의 실마리를 찾아서

72
Interview
맞춤 제작으로 구현하는 완성도:
KLH

76
Interview
도시 속으로 들어온 목조건축:
국립산림과학원 목재공학연구과
심국보 과장

82
Interview
협업과 조율로 쌓아 올린 공간:
건축사사무소 아이디에스
배기철, 이도형 공동대표

3
APPLICATION OF WOOD ARCHITECTURE

92
Technology
구축 방법의 진화, 디지털 패브리케이션

96
Guide
CNC 공법 사용 설명서

102
Interview
MZ세대의 내 집 짓기: 유빌드

108
Interview
목재와 디지털 패브리케이션의 조우:
김재경 건축연구소 김재경 대표

Contents

4 LIFE WITH WOOD

118 Usage
자투리 목재로 만든 연료

120 Method
목재에 형태를 불어넣는 방법

128 Project
목재를 경험하는 공간

130
목재에 새 숨결을 불어넣은 생명의 빛 예배당

134
봄날의 따스함을 품은 오월학교

138
곱게 주름진 산양 양조장

142
소나무 숲을 닮은 더 포레스트

5 SUPPLEMENT

148 탄소중립 실천하기

1

WOOD IN ECO-FRIENDLY AGE

Issue

탄소중립 시대의 건축

건축산업은 전체 이산화탄소 배출량의 38%로 큰 비중을 차지하며 시급히 탄소중립을 이뤄야 하는 분야로 꼽힌다. 건축에서 탄소중립을 실현하는 방법과 전망에 대해 살펴봤다.

글 김수민
(연세대학교 건축공학과 교수)

기후변화의 대책, 탄소중립

2019년 7월 말 일본에서는 폭염으로 일주일 만에 1만 8천여 명의 환자가 발생했다. 2020년 여름, 우리나라는 54일이라는 역대급으로 긴 장마철을 보냈고, 8~9월에는 연이은 태풍으로 1조 2585억 원에 달하는 재산피해를 입었다. 모두 지구의 온도가 2°C 이상 상승하면서 나타나는 현상이다. 이처럼 자연적인 기후 변동에 부가하여 일어나는 기후 현상을 '기후변화'라고 한다. 전문가는 기후변화의 가장 큰 원인으로 인간의 활동을 꼽는다. 산업혁명 이후부터 2004년까지 공장이나 가정에서 화석연료를 사용하며 배출한 온실가스의 양은 그전보다 70% 이상 증가하였다. 급속도로 늘어난 온실가스는 복사열을 흡수하고 재방출하면서 지구온난화를 유발했고, 이것이 기후변화로까지 이어졌다.

기후변화라는 환경문제가 인류의 생존을 위협하는 요소로 자리매김하면서 국제사회는 범지구적 차원의 국제협약을 통해 문제를 해결하려는 움직임을 보인다. 1997년에 체결된 교토의정서는 그 시초로, 기후변화의 원인인 온실가스를 줄이는 데에 목적을 두었다. 그러나 이 협약은 선진국에 한해 적용되고, 개발도상국은 참여가 자율적이라는 점에서 한계가 있었다. 이에 2015년 개발도상국도 함께 온실가스 감축에 참여하는 파리협정이 채택되었고, 2020년에는 이를 반영한 신기후변화체제가 출범했다.

우리나라는 감축 의무국가는 아니지만, 이산화탄소의 배출량과 증가율이 높은 국가로서 온실가스를 줄이는 움직임에 자발적으로 동참하였다. 그 일환으로 2016년 12월에 제1차 기후변화대응 기본계획(2017~2036)을 발표했다. 그 안에는 저탄소 에너지를 보편화하고, 태양열이나 풍력발전과 같이 적은 양의 탄소로 에너지를 생산하는 기후산업을 주류화하는 등 저탄소 사회를 실현하기 위한 구체적인 계획이 담겨 있다. 또 2020년 11월에 개최된 G20 정상회의에서는 2050년까지 탄소의 순 배출량을 0으로 만들겠다는 목표를 발표하며 탄소중립Net zero에 대한 의지를 드러내기도 했다. 탄소중립은 온실가스 배출량을 최대한 줄이고 대체할 수 없는 부분은 흡수하거나 제거하여 실질적인 배출량을 0으로 만드는 개념이다. 이를 위해 정부에서는 '2050 탄소중립 추진전략'을 통해 각 분야별로 저탄소화를 추진하는 전략을 수행하고 있다.

탄소중립 시대의 건축

국제에너지기구(IEA, International Energy Agency)에서 발표한 2019 세계 탄소배출 동향 보고서에 따르면 건축·건설업에서 발생하는 탄소배출량이 전체의 38%로 가장 높았고, 발전업을 비롯한 산업이 32%, 운송이 23%, 기타가 7%를 차지하며 뒤를 이었다. 건축·건설업에서의 탄소배출량을 생애주기로 구분하여 살펴보면 철근콘크리트 구조의 건물을 30년 동안 사용한다고 가정하였을 때 생산 단계에서 발생하는 비중이 32%, 시공 단계에서 2%, 운영 단계에서 66%로, 건물을 사용하는 과정에서 가장 많은 에너지가 쓰이는 것을 알 수 있다.

그러나 운영 단계에서 쓰이는 에너지는 냉방이나 난방, 전기와 같이 생활하는 데 반드시 필요한 요소라 양을 줄이기가 쉽지 않다. 대안은 도시가스나 전력처럼 발전 과정에서 화석연료를 많이 사용하는 에너지원을 저탄소 에너지원으로 대체하는 것이다.

패시브하우스Passive house는 단열과 기밀 성능, 형태 등 건물에 주어진 조건을 최대한 활용하여 에너지 손실을 최소화한 건축물을 뜻한다. 여기에 태양광, 지열 등으로 재생에너지를 자체 생산하여 실질적인 에너지 소비량을 0으로 만든 것을 제로에너지건축물이라 한다. 우리나라에서는 30년 전부터 패시브, 액티브 에너지 기술을 연구·적용하고 있으며, 한국에너지공단에서는 이를 접목한 시범건축물을 운영 중이다. 또한 정부에서는 정책적으로 2020년부터 신축되는 연면적 1000m² 이상의 공공건축물에 대해 제로에너지를 의무화했다(p.151 참고). 이 정책은 단계적으로 그 대상을 확대하여 2050년에는 모든 건축물을 바꾸는 데 목표를 둔다.

탄소중립의 현재와 미래

지금까지 건축에서는 건물 에너지를 줄이는 방향으로 탄소저감을 실천해 왔다. 그러나 이는 사용자 중심의 제도이고 탄소배출량을 0으로 만들기 위해서는 생산, 시공 단계에서 드는 에너지까지 모두 고려해야 한다. 최근에는 기획·설계부터 철거까지 건축물의 전 생애주기에 걸쳐 에너지를 관리하는 체계가 구축되고 있다. 그러나 이 또한 비용을 중심으로 관리하다 보니 제조사나 시공 업체마다 차이가 있어 저감량을 정확하게 산정하기 어렵다는 문제가 있다. 좀 더 체계적으로 실천하기 위해서는 건축재료와 생산, 시공 기술의 탄소중립 기여도를 정량화해야 한다. 그 과정에서 건축자재 제조사나 건설업계는 건축물에 적용되는 재료의 크기, 무게에 따른 탄소 순 배출량을 정량화하여 제공할 필요가 있다. 건축가는 설계 단계에서 탄소 순 배출량이 적은 건자재를 사용하고, 운송 단계를 최소화하는 방안을 고민해야 한다. 정부 차원에서는 건축물 에너지효율등급 인증과 같이 건축물의 탄소배출량을 기준으로 등급을 매기고, 이를 인증하는 제도를 구축해야 한다. 정책과 제도가 건축물의 생애주기 전반에 걸쳐 에너지 소비와 탄소배출을 관리하는 방향으로 지원된다면 '2050 탄소중립'이라는 목표에 더욱더 가까워질 것이다.

1) 상변화물질(PCM, Phase Change Material): 열을 흡수해 일정한 온도를 유지하는 물질

김수민(연세대학교 건축공학과 교수)
건축 환경과 건축재료의 상관성을 비롯해 건물 에너지 저감기술, 친환경 건축재료 분야를 연구한다. 2011년 대한민국 젊은과학자상의 대통령상을 수상했다.

Keyword

목재는
왜 저탄소 자재일까?

이산화탄소 저장고, 나무

나무는 뿌리를 통해 흡수한 이산화탄소로 생장에 필요한 양분을 만든다. 기후변화의 주범인 이산화탄소를 저장하고, 이를 밑거름 삼아 자라는 것이다. 그러나 나이가 들수록 신진대사가 느려지는 우리의 몸처럼 나무도 30년을 넘기면 탄소를 저장하는 속도가 더뎌진다. 특히 50년 이상 된 노령림 Old-growth forests은 11~20년 된 성장기의 장령림 Young growth forests 보다 이산화탄소 흡수율이 50% 이상 떨어져 정부에서는 이를 벌채해 사용하기를 권장한다.

· 소나무 나이별 이산화탄소 흡수량 ·

1영급 **5.7t**   3영급 **10.8t**   6영급 **3.5t**

나이(영급)	단위면적(1ha)당 이산화탄소 흡수량	산림 면적 구성 비율(%)
1~10살(1영급)	5.7t	4%
11~20살(2영급)	9.7t	3%
21~30살(3영급)	10.8t	11%
31~40살(4영급)	7.2t	41%
41~50살(5영급)	4.9t	35%
51살 이상(6영급)	3.5t	6%

목재의 활용

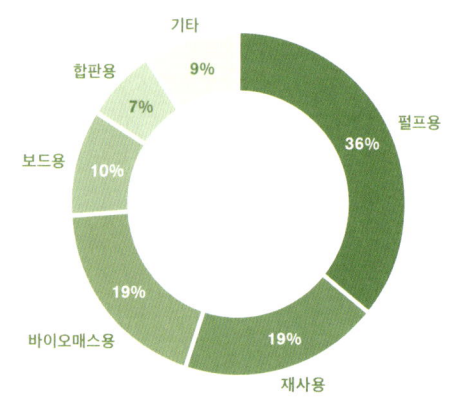

· 2020년도 목재 수급량 ·

- 펄프용 36%
- 재사용 19%
- 바이오매스용 19%
- 보드용 10%
- 합판용 7%
- 기타 9%

2020년을 기준으로 목재의 연간 수급량은 약 2794만 m^3다. 그중 원목은 672만 m^3로 전체의 4분의 1 정도이고, 나머지는 나뭇가지나 톱밥 같은 부산물 또는 종이를 비롯한 목제품 HWP, Harvest Wood Product으로 이루어진다.

수급한 목재의 34%는 제재목[1]이나 합판, 보드 등 건축에서 자주 쓰이는 형태로 가공된다. 그 외에 36%는 종이의 원료인 펄프가 되고, 나머지는 표고버섯 재배용 자목[2]이나 목탄, 친환경 에너지원인 바이오매스로 사용한다.

용도별 탄소저장 기간

목재는 벌채하고 나서도 쓰임을 지속하는 동안에는 계속 이산화탄소를 저장한 상태를 유지한다. 기후변화를 논의하는 협의체인 IPCC International Panel on Climate Change의 자료에 따르면 나무를 베어 제재목으로 이용하는 경우에는 35년, 합판이나 보드 등으로 가공하면 25년, 종이로 쓰면 2년 동안 탄소를 저장할 수 있다.

친환경 건축재료의 대명사로 불리는 목재. 과연 어떤 점이 목재를 친환경적으로 만드는 걸까? 나무로 숲을 이루던 때부터 쓰임을 다하고 다시 흙으로 돌아가기까지, 전 생애주기에 걸쳐 사용하는 에너지와 탄소배출 효율을 다른 재료와 비교하여 친환경 소재로서 목재의 강점을 살펴보았다.

글 정신오

1) 제재목: 원목을 제재해서 만든 목재 제품. 제재만 한 목재부터 건조, 가공을 거친 것까지 모두 제재목에 해당한다.
2) 자목: 원목을 120cm 규격으로 절단한 목재

건축 속 목재의 탄소 효율

1 생산

목재는 다른 건축재료보다 제조 과정에서 배출하는 이산화탄소의 양이 적다. 재료를 1m³ 생산하는 경우를 기준으로 살펴보면 목재는 55kg 정도를 내보내는 반면 콘크리트는 그보다 8배, 철강은 357배, 그리고 알루미늄은 1,476배 많은 양을 배출한다. 생산하는 데 소비되는 에너지 역시 현저히 낮다. 자연에서 건조한 목재는 1m²의 양을 만드는 데 725MJ의 에너지가 필요하다. 이는 콘크리트의 15%, 철강의 0.2%, 알루미늄의 0.06%에 해당하는 양이다.

· 재료별 제조 에너지 및 이산화탄소 방출량 비교 ·

재료	목재	콘크리트	철강	알루미늄
제조 과정의 이산화탄소 방출량 (kg-CO_2/m³)	54.67	440	19,507	80,667
목재 대비 이산화탄소 방출량 비교	×1	×8	×357	×1476

· 136m²의 건축물 시공 시 구조별 이산화탄소 배출량 비교 ·

목구조 18.85t
철골구조 54.06t
철근콘크리트 구조 79.98t

2 건설

국립산림과학원의 연구 자료에 따르면 우리나라 주거 공간의 평균 면적인 136m²의 건물을 짓는 동안 배출되는 이산화탄소의 양은 철근콘크리트>철골>목구조 순으로 철근콘크리트 구조가 가장 많다. 가장 큰 원인은 시공법이다. 공장에서 부재를 생산하고 현장에서는 하드웨어로 조립만 하면 설치가 끝나는 목구조와 달리 철골구조는 조립과 용접이 함께 이루어진다. 콘크리트는 타설하고 양생하는 과정까지 거쳐야 해 더 많은 양의 이산화탄소가 발생한다.

3 철거와 재활용

환경부에서 통계한 '2019년 건설폐기물 발생 현황'을 보면 현장에서 하루 평균 발생하는 폐기물은 폐콘크리트가 137,816t으로 가장 많다. 뒤이어 철근콘크리트와 같이 두 개 이상의 재료를 섞은 혼합건설폐기물이 24,367t, 합성수지가 1,607t을 차지한다. 그러나 재활용률은 각각 53%와 41% 정도로 낮았다. 반면 폐기물량이 863t으로 전체의 0.3% 정도인 목재는 재활용률이 91%에 달한다. 버려진 건축용 목재는 MDF, 파티클보드 등의 원료가 되거나 연료로 사용한다.

· 2019년 건설폐기물 발생 현황 ·

목재 863t
콘크리트 137,816t
혼합건설폐기물 24,367t
합성수지 1,607t

· 소재별 재활용률 ·

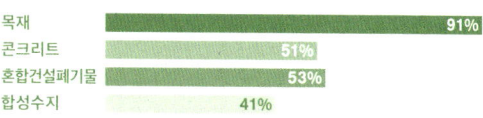

목재 91%
콘크리트 51%
혼합건설폐기물 53%
합성수지 41%

Reportage

국내 목재산업의 현주소

글 엄창득, 김민지
(국립산림과학원 목재산업연구과 임업연구사)

목재가 탄소중립 시대를 이끌 재료로 주목받으면서 소재를 잘 활용하는 방법이 중요한 과제로 떠올랐다. 현재 우리나라에서는 목재를 어떻게 이용하고 있을까? 앞으로 시장이 발전하기 위해서는 어떤 부분을 개선해야 할까? 전문가의 시선으로 살펴본 국내 목재산업의 현주소.

탄소중립 시대의 맞춤 재료

세계 각국에서 앞다투어 탄소중립을 선언하며 기후위기에 대한 대응을 강화하고 있다. 한국에서도 2020년 10월 28일, 2050 탄소중립을 선언하고, 이를 실현하고자 다양한 정책을 내놓는 중이다. 이렇게 등장한 여러 방안과 더불어 최근 주목받는 것이 바로 목재다. 목재는 자연에서 난 소재로 환경에 미치는 영향이 적은 데다 물성이 따뜻하고 사람에게 매우 친숙하다. 가장 중요한 특징은 스스로 탄소를 저장하고, 제조 과정에서도 다른 재료보다 탄소를 적게 배출한다는 사실이다. 이에 제17차 기후변화협약 당사국 총회에서는 목제품HWP, Harvest Wood Product을 탄소 저장고로 인정하기도 했다. 탄소중립을 꿈꾸는 시대에 목재의 이용이 확대되어야 하는 이유다.

산업의 발전을 막는 요인

목재산업은 크게 원목생산업과 제재·목재가공업, 합판·보드업, 펄프·제지업, 그리고 목조건축·가구업으로 나뉜다. 2015년 경제 총조사 결과에 따르면 목재산업의 생산 규모는 연 42조 원으로 추산되며, 총 2만 3천여 개 업체에 16만 5천여 명이 종사하고 있다. 목재생산업으로 등록된 업체는 2019년 6월 기준, 5407곳으로 원목생산업이 2261곳, 제재업이 1567곳, 수입유통업이 1579곳을 차지한다. 이들 업체에서는 제재목, 방부목재와 난연목재, 집성재, 합판·보드류, 펠릿과 목재칩 등을 생산하고, 만들어진 제품은 건축 구조재와 마감재, 가설재와 포장재, 가구재, 데크재 등으로 쓰인다.

우리나라는 1970년대 산림녹화 시기에 심은 목재 자원이 꾸준히 성장하여 산림 면적이 경제협력개발기구OECD 회원국의 평균 수치인 121m²/ha를 넘었다. 2017년에는 154m²/ha를 달성하며 안정된 공급 여건을 마련했다. 산업의 규모도 계속 커지고 있어 목재의 활용을 기대해도 좋을 시기다. 그러나 기대와 달리 이용량은 2020년을 기준으로 404만 m³에 머물러 있고 자급률도 15.9%에 불과하다.

산업의 발전을 더디게 하는 원인은 공급과 수요 측면으로 나누어 볼 수 있다. 공급 측면부터 살펴보면 첫 번째는 균일한 품질의 목재를 공급하는 체계가 제대로 구축되지 않았다는 점이다. 목조건축에 관한 관심이 조금씩 늘고 있지만, 공급 체계가 잡혀 있지 않아 수요에 제대로 대응하지 못하는 상황이다. 시스템이 적절히 갖춰지지 않다 보니 업체마다 제품이나 시공 품질에 차이가 발생하고, 목재에 대한 신뢰도가 갈수록 떨어진다. 두 번째는 현재 국산 목재를 이용하는 분야가 부가가치를 창출하기 어려운 산업이라는 점이다. 국산 목재는 대부분 펄프 또는 섬유판의 원료가 되거나 칩으로 사용한다. 그러다 보니 제재목이나 원목으로 쓸 수 있는 자재도 분쇄하는 경우가 많고 그만큼 효율이 떨어지게 된다. 게다가 이들 제품은 건축자재보다 사용 기간이 짧아 목재의 탄소저장 능력을 충분히 활용하지 못한다. 마지막 원인은 산업의 영세한 규모. 2019년 제2차 목재 이용종합계획에 따르면, 업체의 70.5%는 종사자가 10명 미만으로 규모가 작다. 생산 인력 또한 대부분이 40~60대로 갈수록 고령화되는 추세다. 여기에 노후화된 기계설비와 기술력 부족이 더해져 경쟁력을 잃고 있다. 많은 투자가 필요한 신제품 개발은 더더욱 기대하기 어렵다.

수요 측면에서의 문제로는 우선 목재 구매의 어려움을 들 수 있다. 국내 시장에는 아직 목재를 구매할 수 있는 플랫폼이 부재하고 관련된 유통 정보가 부족하다. 그러다 보니 원하는 제품이나 수종을 찾기가 쉽지 않다. 두 번째는 소비자의 인식이다. 지속적인 목재 문화 캠페인을 통해 점차 개선되고 있지만, 목재 생산을 부정적으로 보는 시각이 여전히 존재한다. 2019년에 실시한 목재 수확에 대한 국민 인식 조사 결과를 살펴보면 전체의 82%가 목재 생산의 필요성에 동의했지만, 벌채에 대해서는 긍정이 26%, 보통이 40%, 부정이 28%로 보통 이하가 68%에 달했다. 최근 목재 수확 정책과 관련해 일어난 논란을 보면 아직 벌채를 환경파괴로 보는 부정적인 인식이 남아있음을 알 수 있다.

1
산림청에서는 영세업체의 경쟁력을 강화하기 위해 노후화된 제재, 건조시설을 현대화하는 사업을 시행한다. 사진은 사업 지원을 받은 업체의 작업장.

2
산림조합중앙회 중부목재사업본부에서는 국산 낙엽송을 가공해 구조용 목재를 생산한다.

산업의 성장을 위해 필요한 시스템

산림청에서는 영세업체의 경쟁력을 강화하고 지역 목재산업을 활성화하기 위해 다방면으로 정책을 시행한다. 목재산업단지를 조성하고 노후화된 제재·건조시설을 현대화하는 사업이 대표적이다. 또한 신기술 인증을 받은 업체의 제품을 사용하면 인센티브를 주는 제도를 도입하고, 인력이 부족한 분야에 산업기능인력을 지원하기도 한다.

건축 시장을 넓히기 위한 노력도 꾸준히 이어진다. 산림청에서는 목조주택 표준설계도의 보급을 확대하고, 우수 건축 사례나 공모전을 통해 관련 정보를 지속해서 공유하여 누구나 쉽게 목조건축을 접할 수 있도록 한다. 또한 목제품 인증제도를 활성화하여 제품의 경쟁력을 높이고, 국산 목재 우선구매 제도를 시행해 이용을 장려하기도 한다. 국산 목재 우선구매 제도는 국가와 지방자치단체, 공공기관을 대상으로 실시하는 제도로, 일정 금액 이하의 목재 조달 계약을 체결하는 경우에 국산 제품을 일정 비율 이상 구매하도록 법률로 정하고 있다(「목재의 지속가능한 이용에 관한 법률」제19조 2항).

앞으로 해결해야 할 과제도 남아 있다. 첫 번째는 목재 이력추적 관리시스템을 구축하는 것이다. 앞서 문제점으로 언급한 유통체계를 마련하기 위한 방안으로, 목재로 제품을 만드는 전 과정에서 생산지와 수확 시기, 제재업체와 가공업체 등의 정보를 관리, 공개하는 시스템이다. 공급자는 시스템의 인증을 받음으로써 제품의 품질을 보증하고, 소비자는 정확한 사양을 확인하여 검증된 국산 목재를 구매할 수 있다. 여기에 지역 목재의 이용을 촉진하는 제도를 연계하면 지역경제를 활성화하는 데에도 기여할 수 있다. 두 번째는 국산 목재를 고부가가치로 활용할 수 있도록 제품을 개발하는 것이다. 업체에서 직접 연구를 수행하기 어려운 점을 고려하여 국·공립 대학교와 연구소가 기술을 개발하고 이를 민·관이나 산·학·연이 연계하여 현장에 적용하는 체계를 마련해야 한다. 마지막으로 목재를 이용하는 것에 대해 긍정적 인식을 심어줘야 한다. 벌채에 대한 오해를 바로잡고 모두가 그 필요성에 공감할 때 시장이 균형 있게 성장할 수 있다. 이를 위해서는 목재 박람회나 캠페인, SNS 등 다양한 채널을 통해 홍보하는 자리를 꾸준히 만들어야 한다.

최근 10년 동안의 목재 수급 실적. 2020년을 기준으로 국산 목재의 자급률은 15.9%에 불과하다. 자료는 국립산림과학원 제공.

도시에서 목재를 늘리는 방법

목재 이용 선진국이라 불리는 캐나다와 일본, 유럽 등지에서는 성능이 개선된 자재로 고층 목조건물을 시공하는 사례가 늘고 있다. 이와 더불어 목재의 사용을 장려하는 제도도 함께 시행한다. 프랑스에서는 2019년, 건축 분야에서 목재의 소비를 10배 늘리겠다는 계획을 발표했다. 최근에는 정부 건물을 신축하는 경우 50% 이상에 의무적으로 목재를 사용하는 규정을 추진하겠다고 밝혔다. 캐나다 브리티시 컬럼비아 주에서는 2009년 「목재 우선법Wood First Act」을 제정하여 정부의 지원을 받는 건축물에 목재를 주요 자재로 사용하도록 규정하였다. 일본에서는 2010년 「공공건물에서 목재 이용 촉진에 관한 법률」을 시행하여 공공건물의 목조화 또는 내장 목질화를 실현하고, 목재산업과 임업, 나아가 지방 경제를 활성화하도록 유도한다. 최근에는 그 범위를 민간으로 확대하겠다고 밝혀 목재의 활용 영역을 넓히려는 의지를 보여주기도 했다.

　국내에서는 2020년 목조건축의 높이 제한이 폐지되면서 '목재 친화 도시'에 한 발 가까워졌다. 목재 친화 도시는 국토교통부의 도시재생 뉴딜사업과 관련하여 산림청이 함께 주관하는 부처 협업 사업이다. 이는 도시재생을 통해 기존의 콘크리트 건물을 목조건축으로 대체하여 탄소 배출도시를 탄소 저장도시로 탈바꿈하는 것을 목표로 한다. 그러나 도시에 목재 건축물이 많아지려면 아직 풀어야 할 숙제가 많다. 먼저 공동주택의 차음 기준이나 내화 기준을 목구조에 맞도록 조정해 대규모 목조건물을 지을 수 있는 발판을 마련해야 한다. 선진국에서 시행하는 '공공건축물 목재 이용 의무화' 법령과 같이 공공건축물을 신축할 때

1

1
목조건축물과 시설물로
이루어진 목재 친화 도시
기획안의 이미지

2
국산 목재를 보다 고부가
가치로 이용함으로써 산업의
경쟁력을 높일 수 있다.

목재를 일정 비율 이상 사용하도록 하는 제도도 필요하다. 목재를 잘 이해하는 목구조 시공·관리 기술자를 지속해서 배출하는 것 또한 시공이나 설계 하자를 줄이기 위해 선행되어야 할 중요한 과제다.

세계 목조건축대회에서 만난 캐나다의 한 박사가 남긴 말이 기억에 남는다. 목재 이용을 활성화하기 위한 정책에 관한 질문에 그는 "우리의 정책은 이제 이용을 장려하기 위한 것이기보다는 자금이 부족한 경우에 대안을 지원하는 방법에 가깝다"며, "이것이 가능한 이유는 목재로 건축물을 짓는 것이 우리에게 너무나 자연스러운 일이 되었기 때문"이라고 답했다. 목조건축은 탄소를 줄이고 지구온난화에 대응하며, 우리의 건강과 정서에 안정감을 줄 수 있는 방법이다. 목재를 쓰는 것이 특별한 일이 아닌 당연한 일이 될 때까지 올바른 의미를 알려 그 가치에 공감하게 되기를 바란다.

엄창득, 김민지(국립산림과학원 목재산업연구과 임업연구사)
엄창득은 서울대학교에서 임산공학을 전공하였고, 목재 건조 연구로 동 대학원에서 박사 학위를 받았다. 김민지는 국민대학교에서 임산공학을 전공하였고, 목재 미생물과 보존 연구로 고려대학교에서 박사 학위를 받았다. 두 연구사는 현재 목재산업연구과 도시목조화 연구실에서 국산 목재의 이용 확대를 위한 연구를 함께 수행하고 있다.

친환경을 실천하는
알짜배기 국산 목재

우리나라는 전체 국토 면적의 절반 이상이 산림이지만 목재의 자급률은 아직 턱없이 낮은 수준이다. 어째서 이렇게나 많은 양의 목재를 수입하는 것일까? 그리고 목재 자급률을 높여야 하는 이유는 무엇일까? 국산 목재의 중요성을 짚고, 사용 가능한 수종은 어떤 것이 있는지 살펴본다.

국산 목재의 변천사

우리나라는 일제강점기와 6·25 전쟁이라는 역사의 큰 전환점을 거치면서 산림의 대다수가 손실되었다. 정부에서 빠르게 자라는 속성수나 열매가 열리는 유실수를 심어 단기간에 산림을 회복했지만, 이들은 강도가 약하고 섬유질이 성겨 건축용으로는 적합하지 않다. 일부 적용 가능한 수종이 있지만 수입산과 비교하면 크기가 작고 곡재가 많아 생산성이 떨어진다. 산림조합중앙회 송현호 유통지원부장은 "수입산은 두꺼워서 목재를 한번 제재하는 것만으로도 많은 양을 얻지만 국산 수종은 평균 직경이 20~30cm로 작아서 두 토막 정도밖에 나오지 않는다"고 말한다. 제재 효율이 떨어지다 보니 같은 작업을 해도 얻을 수 있는 목재의 양이 현저히 적다. 이러한 복합적인 이유로 가격 차이가 생기면서 수요는 저렴한 수입산에 편중된다.

왜 국산 목재여야 할까?

2021년 정부에서는 '2050 탄소중립'의 정책 중 하나로 국내 산림에서 벌목한 나무를 목재산업에 활용하는 탄소흡수안을 발표했다. 국산 목재의 사용량이 15.9%에 불과함에도 '국산 목재'로 범위를 한정한 이유는 무엇일까? 국내 산림에서 자란 나무는 우리나라 상공의 이산화탄소를 흡수하며 성장한다. 반면 수입산 목재는 서식지에서 흡수한 탄소를 국내에서 배출한다. 이에 기후변화에 대한 국제적 대책을 마련하기 위해 설립된 국제 협의체인 IPCC(Intergovernmental Panel on Climate Change)에서는 자국 산림에서 생산한 목재를 자국에서 소비하였을 경우에만 탄소배출을 지연한 저장 효과를 인정한다.

여기에 더해 코로나 바이러스 감염증19(코로나19)로 해외에서 목재를 들여오는 것이 어려워지면서 비용 측면에서도 경쟁력이 떨어지고 있다. 일례로 2021년 7월 기준 수입산 목재의 가격은 전년 대비 300% 가까이 상승했다. 이제 비슷한 가격이라면 구하기 쉬운 국산 자재로 시선을 돌리는 추세다.

글 **정신오**
취재 협조 **경민산업**
산림조합중앙회 중부목재사업본부

건자재로 활용도가 높은 국산 수종

국립산림과학원에 등록된 64종의 국산 수종 중에서 건축자재로 사용 가능한 것은 41종이다. 그러나 실제로 쓰이는 것은 열손가락 안에 꼽힌다. 그중에서도 건축자재로 많이 사용하는 수종 다섯 가지를 소개한다.

구조재

구조재는 하중을 지지해야 하므로 강도와 내구성이 중요하다. 그래서 일반적으로는 단단한 활엽수를 사용하지만 국내에서는 대형 활엽수를 구하기 어려워 주로 침엽수를 쓴다.

낙엽송 Larch Wc02
구조재로 가장 많이 활용되는 수종으로, 강원도와 충청북도, 백두대간에 서식한다. 수입산 수종과 압축강도를 비교하면 국산 낙엽송은 532kg/cm²으로, 489kg/cm²인 홍송(Douglas fir, 더글라스 퍼)과 200kg/cm²인 헴록보다 높다. 휨강도 역시 낙엽송이 986kg/cm²으로, 872kg/cm²인 홍송과 794 kg/cm²인 헴록보다 우수하다. 덕분에 기둥이나 보, 데크 등 부위를 가리지 않고 고루 적용되고, 공학목재의 원료로도 활발히 쓰인다. 단점은 나무에 가시가 많고 목질이 촘촘해 못을 박으면 쉽게 갈라진다. 또 곧게 자라는 듯 보이지만 실제로는 반시계 방향으로 회전하면서 생장하기 때문에 제재가 까다롭다.

리기다소나무 Pitch pine Wc11
소나무과 중에서도 구조재로 활용도가 높은 수종이다. 북미에서 수입되었고, 강원도를 비롯해 백두대간 동쪽에 많이 서식한다. 리기다소나무는 송진이 많고 목질이 성겨 원목을 그대로 사용하기보다는 잘게 분쇄하여 섬유판의 원료로 활용한다. 강도가 높고 가공이 쉬워 공학목재의 원료로 안성맞춤이다. 그러나 가지가 많고 뿌리가 한 방향으로 자라면서 주변 나무의 생장을 방해해 1970년에 수목 갱신 수종으로 지정되었다. 앞으로는 구하기 힘들어질 예정이다.

수장재

가구재나 내장재, 바닥재로 쓰이는 목재다. 장식성이 중요하기 때문에 결이 아름답고 결함이 적은 수종을 사용한다.

잣나무 Nut pine Wc09
일렬로 곧게 뻗은 결을 가진 목재로, 틀어짐이나 수축팽창이 적다. 또 목질이 연하고 탄성과 가공성이 우수해 해외에서는 공학목재의 원료로 사용하기도 한다. 하지만 국산 잣나무는 30cm마다 가지가 뭉쳐 자라기 때문에 옹이가 많다. 국내에서는 주로 가구재로 사용한다.

편백나무 Cypress Wfi12
일본에서 들여온 수종으로 우리에게는 '히노키(ひのき)'라는 이름으로 익숙하다. 전라남도나 제주도, 경상남도 등 남해안 지역을 중심으로 서식한다. 재질이 단단하고 무늬가 아름다워 내장재로 활용도가 높다. 또 흡음력이 우수해 방음재로 사용하기도 한다.

가래나무
우리나라에 자생하는 호두나무 Wfi06 다. 고려시대에 중국에서 들여왔고, 소백산, 송리산 등 충청북도 지역을 중심으로 서식한다. 암갈색을 띠고 결이 뚜렷하다. 또 접착성이 뛰어나 파티클보드의 원료로 사용하기도 한다.

Project　　　지속 가능한 목조건축

지금까지 친환경 재료로서 목재의 가능성과 국내 산업의 흐름을 살펴보았다. 그렇다면 실제 건축에서는 목재를 어떻게 활용하고 있을까? 목재를 이용해 건물을 계획하고 짓는 사람들의 이야기를 들어본다.

Interview

오늘은 한옥,
내일은 한국인의 집

구가도시건축
조정구 대표

건축가 조정구는 철근콘크리트 건축이
지배적인 시대에 한옥을 짓고 목조건축 작업을
꾸준히 하며 자신만의 언어를 구축해 왔다.
그는 "목조나 한옥 자체에 집중한다기보다는
지향하는 건축을 구현하기 위한 도구로
사용한다"고 말한다. 고즈넉하면서도 친근한
서촌의 분위기가 녹아 있는 사무실에서 그가
짓고 싶은 공간과 목조건축에 대해 물었다.

인터뷰 **정경화** 사진 **박영채**

은평 K주택에는 마루나 처마,
한식 방과 같은 요소를 적용해
한옥의 정서적 공간감을 담았다.

감씨(감): 오랫동안 한옥과 목조건축 작업을 해왔다. 목조건축에 집중하게 된 특별한 계기가 있나?
-
조정구(조): 우연히 기회가 닿아 서울의 도시한옥을 기본 골격으로 현대한옥을 짓는 프로젝트에 참여했다. 이후에도 한옥 작업이 몇 차례 이어지면서 목조라는 방식에 익숙해졌고, 점차 현대 주택에도 적용하게 됐다. 특히 중목구조는 한옥과 비슷한 목조 구법이기도 하고, 내가 추구하는 건축의 개념인 마당이 있고 안팎이 소통하는 공간, 풍경이 집의 일부가 되는 공간을 구현하기에 적절한 방식이라 더 의미가 깊다.

감: 중목구조를 적절한 방식이라 생각하는 이유는?
-
조: 중목구조는 구조체를 세우고 나서 필요한 부분을 채우는 방식으로 짓는다. 기둥과 보로 이루어진 열린 상태를 기본으로 하기 때문에 개방감이 높다. 또 다른 이유는 유연함이다. 콘크리트는 한번 타설하고 나면 배치를 바꾸기 어려운 데 반해, 목조는 구조체를 지은 후에도 세밀한 부분까지 조정이 가능하다. 그래서 공간이 소통하고 풍경이 들어오는 정도를 현장의 여건에 맞춰 조절할 수 있다. 콘크리트보다 요구되는 두께가 얇아 같은 면적일 때 공간을 더 넓게 사용한다는 것도 장점이다.

감: 목재의 고유한 물성이 주는 장점도 빼놓을 수 없을 것이다.
-
조: 그렇다. 목재에는 철이나 콘크리트로는 표현하지 못하는 독보적인 따스함이 있다. 미래 세계를 배경으로 한 영화 「그녀^{Her}」를 보면 주인공이 사는 집은 삭막한 노출콘크리트 건물이지만 그 안은 패브릭과 나무로 포근하게 꾸며져 있다. 이처럼 목재는 세월이 흘러도 변함없이 친근하고 언제나 가까이에 두고 싶은 재료다. 그러나 현대 목조건축의 재료인 공학목재에서는 원목의 따스한 분위기를 느끼기가 어렵다. 가공을 거쳐 모든 물성을 통제했기 때문이다. 우리는 구조 성능이 요구되거나 불가피한 상황에서만 공학목재를 사용한다. 한옥을 지을 때는 가능하면 자연 그대로의 소재를 원형에 가까운 모습으로 쓰려 한다.

감: 현대 주택이지만 한옥의 정서적 공간감이 느껴진다. 아마도 한옥의 요소가 곳곳에 담겨 있기 때문인 듯하다.
-
조: 본질적으로 담고 싶은 것은 한옥의 공간감보다는 삶의 정서다. 마당을 삶의 중심에 놓고 지내는 생활이나 마당에서 대청, 방으로 연결되는 관계와 같이 우리네 집에 오랫동안 이어져 온 정서적 공간감을 담으려 한다. 그 방법으로 마루나 처마, 서까래, 마당과 같이 본래 한옥에서 쓰이던 요소를 적용한다. 입식이 일반적인 현대건축에 한식 방을 담는 것은 꽤나 어려운 작업이다. 처음에는 어색하게만 느껴졌는데 연이어 시도하다 보니 점차 자연스러워졌다.

은평 K주택
-
설계: 구가도시건축 **시공**: 스튜가목조건축연구소 **위치**: 서울특별시 은평구 진관동 **대지 면적**: 330m^2
연면적: 189m^2 **규모**: 지상 2층 **구조**: 철골구조, 경골목구조 **마감**: 벽돌, 목재 사이딩 **완공**: 2017년 9월

파주 K주택
-
설계: 구가도시건축 **시공**: 자연과우리
위치: 경기도 파주시 동패동 **대지 면적**: 421m²
연면적: 217m² **규모**: 지상 2층 **구조**: 중목구조 경골목구조 **마감**: 백고벽돌, 스타코플렉스 티타늄 징크 **완공**: 2019년 5월

감: 한옥의 요소를 자연스럽게 녹여 내는 노하우가 있다면?
-

조: 한옥에서 느껴지는 익숙한 공간감을 떠올리면서 각각의 요소에 맞는 형태와 크기를 끝까지 찾으려 한다. 토산리 주택(2016)(『GARM 16 건축 하드웨어』 p.70 참고)을 예로 설명하자면, 창턱이나 기둥의 크기는 한옥에서 사용하는 규격을 준용했고 개구부가 열리는 방식은 입식에서 좌식으로 자연스럽게 전환되도록 신경 썼다. 각각의 상황에 맞는 적절한 부재감을 발견하는 것이 핵심이다.

또 한 가지는 보이고자 하는 부분에 집중하고, 나머지는 거슬리지 않고 지나치게끔 계획하는 것이다. 파주 K주택(2019)에서는 대들보 없이 서까래와 세 칸의 기둥만으로 한옥의 분위기를 냈는데, 여기에는 사소해 보이지만 세심한 디테일이 여럿 숨어 있다.

우선 창호를 설치하는 단계에서는 정면에서 봤을 때 기둥에 가려지는 위치에 창틀을 배치해 마당을 향해 열려 있는 전통 한옥의 모습을 구현했다. 기둥 위의 공간에는 벽 대신 고창을 냈다. 창 너머로 서까래가 보여 한층 개방된 느낌이 들고 창호의 유리 면보다 실내로 한 단 들어와 있어 입면 또한 더 입체적으로 느껴진다. 이렇듯 드러내고 싶은 부분을 강조하는 것보다 무덤덤하게 지나치는 모습을 만들 때 더 세심한 디테일이 필요하다.

감: 목조를 중심으로 하면서 다른 구조를 자유롭게 접목하는 것도 특징이다. 각각을 적용하는 특정한 상황이 있나?
-

조: 목구조를 많이 작업하고 있지만 사실 구조는 필요에 맞게 선택하면 된다는 입장이다. 보통은 중목구조를 기본으로 하면서 필요에 따라 경골목구조나 철골구조, 철근콘크리트 구조를 접목한다. 운중동 M주택(2012)은 외벽을 전부 고벽돌로 마감해 단일 구조처럼 보이지만 1층은 철근콘크리트, 2층은 목구조로 방식이 다르다. 대구 임재양 외과(2012)에서는 한옥의 목구조와 경골목구조, 콘크리트 구조와 철골구조까지 네 가지 방식을 혼용했다. 건축주가 층간소음에 민감한 경우에는 1층은 철근콘크리트 구조로 하고 2층부터 목구조로 짓기도 한다. 실내 공간에 마당과 같은 개방감을 주고 싶을 때는 아트리움을 계획하는데, 이때는 부재가 얇은 철골구조를 접목해 투명함을 극대화한다.

감: 목재 중에서 특별히 선호하는 수종은 무엇인가?
-

조: 수종보다는 색감을 중요시한다. 북미산 목재의 붉은 느낌보다는 가문비나무(Spruce, 스프루스)[Wk01] 계열이나 국산 소나무[Wk01]의 노란빛에 가까운 색감을 선호한다.
은평한옥마을의 한옥은 대부분 북미산 홍송(Douglas fir, 더글라스 퍼)[Wk02]을 사용해 색이 짙은데, 이 마을에 작업한 낙락헌(2016)의 경우, 국산 소나무를 사용해 붉지 않으면서 밝고 자연스럽다.

파주 K주택에서는 창틀이 기둥에 가려지도록 배치해 마당을 향해 열린 전통 한옥의 모습을 구현했다.

전주주택

-

설계: 구가도시건축 **시공**: 스튜가목조건축연구소 **위치**: 전라북도 진주시 삼천동3가 **대지 면적**: 1,626m²
연면적: 341m² **규모**: 지상 2층 **구조**: 철근콘크리트 구조, 철골구조, 경골목구조 **마감**: 자연석 쌓기, 목재 사이딩 **완공**: 2020년 7월

감: 우리나라는 철근콘크리트 건축이 보편적이고 목조건축은 사례나 연구가 적다. 이런 상황에서 작업을 이어오며 어려웠던 점이 많았을 것 같다.
-

조: 목조건축이라서 어려웠던 기억은 많지 않다. 시스템 창호나 건식 경량 벽체 같은 기술이 빠르게 접목되고 있고 한옥의 단점을 보완하는 자재도 꾸준히 개발된다. 기둥과 문선(문짝) 사이의 틈을 줄이는 자재나 서까래와 서까래 사이에 딱 맞춰 설치하는 맞춤형 단열재도 등장했다. 개인적으로는 신뢰할 수 있는 장인이나 시공자와 협업하며 전문성을 높이고, 상황에 맞춰 다양한 구조를 혼용해 원하는 공간을 최대한 구현하려고 한다.

감: 한옥이라고 하면 대부분 기와지붕에 흙으로 벽을 쌓아 올린 모습을 떠올린다. 그간 한옥을 작업하며 구축해 온 모습을 정의한다면?
-

조: 한옥은 '마당을 중심으로 나무와 돌, 종이, 그리고 흙으로 지은 집'이다. 그래서 전통 목구조가 아닌 현대의 방식으로도 구현할 수 있고, 실제 작업도 그렇게 하고 있다. 과거의 것이 잘 녹아든 집이면서 동시에 생활에 맞게 스스로 모습을 바꾸고 진화하는 공간이 되었으면 한다.

감: 이러한 방향에 가장 가깝다고 꼽는 작업이 있다면?
-

조: 2020년에 준공한 전주주택이 아닐까? 서울의 한옥은 건물이 마당을 ㄷ자로 감싸는 형태다. 반면, 전주에서는 중심에 집을 두고 마당이 그 주변을 둘러싸도록 짓는다. 전주주택은 이러한 지역 고유의 배치에 건축주가 원했던 미국식 주방과 뒷마당을 더한 집이다. 1층에는 철제 멀리언을 창틀 겸 구조체로 배치해 마당을 향해 완전히 열린 공간을 구현했다. 한식 방에는 가변적으로 이용할 수 있도록 들문을 설치했다. 평소에는 들문을 달고 손님방으로 쓰다가, 건축주가 취미 생활을 할 때에는 문을 열어 음악 공연을 위한 널찍한 무대로 사용한다. 석재인 슬레이트로 바닥을 마감하고 돌벽을 세워 재료 또한 한옥에 한 발 더 가까워졌다.

조정구(구가도시건축 대표)
서울대학교 건축학과 동 대학원을 졸업하고 일본 동경대학교에서 박사과정을 거쳤다. 2000년 구가도시건축 사무소를 설립하고 '우리 삶과 가까운 보편적인 건축'을 주제로 도시 답사와 설계 작업을 꾸준히 이어오고 있다.
www.guga.co.kr

Interview

첨단 기술과
섬세한 조율이
빚어낸 건축미

블루머 레만
카타리나 레만 회장

스위스의 목재 건설회사인 블루머 레만은
파라메트릭Parametric을 이용한 엔지니어링과 디지털
가공, 프리패브리케이션 공법을 접목해 목조 건축물을
짓는다. 현대 기술이 더해진 목조의 모습은 일견 낯설지만
미래의 건축을 내다보는 듯한 설렘을 느끼게 한다. 카타리나
레만Katharina Lehmann 회장에게 익숙한 소재를 상상하지
못했던 형태로 변신시키는 기술과 노하우를 들어보았다.

-
인터뷰 정신오
자료 제공 Blumer Lehmann(별도 표기 외)

1

2

3

감씨(감): 블루머 레만에 대해 소개해 달라.
-

카타리나 레만(레만): 처음에는 작은 제재소로 시작했다. 시공에 조금씩 참여하면서 사업을 확장했고, 지금은 여러 계열사를 두고 벌채부터 바이오매스 생산까지 목재와 관련된 모든 과정을 수행한다. 우리는 그중에서도 건설에 관련된 업무를 담당한다. 건설이라고 하면 흔히 시공을 떠올리는데 그 밖에 자재를 가공하거나 구조적인 문제를 해결하는 엔지니어링, 일정 관리도 함께 진행한다.

감: 목조건축을 구축하는 데 필요한 모든 과정에 참여하는 셈인데 이러한 방식을 고집하는 이유가 궁금하다.
-

레만: 모든 과정을 직접 수행하는 것은 건물의 완성도를 높이기 위함이다. 목재는 수종에 따라 물성이 다르고, 작은 오차에도 민감하게 반응하기 때문에 전문가에게 조언을 구하는 것이 좋다. 하지만 공정마다 다른 업체에 의뢰하면 제각기 노하우가 달라 현장에서 의견을 조율해야 하는 상황이 생긴다. 우리는 전 과정에 참여함으로써 문제를 최소화해 시공의 효율성을 높인다.

감: 주로 어떤 목재를 사용하나?
-

레만: 가문비나무(Spruce, 스프루스)[Wfe01]나 소나무[Wc01]를 많이 쓴다. 홍송(Douglas fir, 더글라스 퍼)[Wfu02]이나 낙엽송[Wc02], 너도밤나무[Beech Wfi14]와 같이 강도가 높은 수종을 사용하기도 한다. 원목 이상의 물성이 요구되는 공간에는 공학목재를 적용한다. 그중에서도 너도밤나무를 1~4mm 두께로 얇게 재단하여 적층한 바우부쉐 비치[BauBuche Beech]를 즐겨 쓴다.

감: 설계 단계에서 중점적으로 고려하는 부분은 무엇인가?
-

레만: 부재가 많거나 모양이 제각기 다를 때에는 공장에서 제작하고 현장에서 조립하는 프리패브리케이션 공법을 활용한다. 이 공법은 설계 단계에서 모듈의 크기와 형태, 조립 방식까지 세심하게 계획해야 한다.
    모듈은 크기가 클수록 결합 지점이 적어 구조적으로 안전하고 시공이 편리하다. 그래서 구조체로 지지할 수 있으면서 운송이 가능한 범위 안으로 무게를 정하고, 여기에 맞춰 가장 큰 크기로 계획한다. 그다음에는 모듈에 가해지는 힘을 바탕으로 형태와 조립 방식을 결정한다. 모양이 불규칙하거나 특이하다면 생산성을 따진다. 형태가 단순해도 수작업으로 만들어야 하면 효율성이 떨어져 피하는 편이다.

1
비정형 건축물은 라이노와 같은 3D 프로그램을 이용해 모듈과 부재의 크기, 수량을 계획한다.

2, 3
블루머 레만은 프레스기와 벤딩기, 5축 CNC 설비로 부재를 정교하게 제작한다.

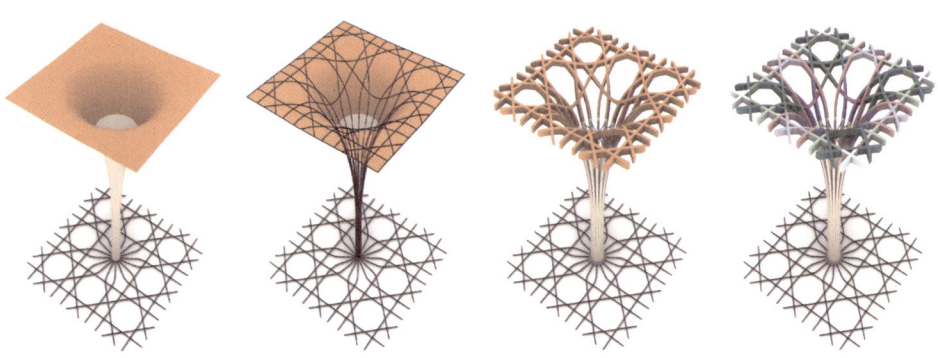

유럽 최초의 친환경 이슬람 사원인 케임브리지 센트럴 모스크. 곡선 기둥으로 나무의 형상을 표현했다.

감: 여러 비정형 건축물을 섬세하게 구현한다. 어떤 방식으로 가공하나?
-
레만: 비정형의 프로젝트를 진행하다 보면 일방향 곡면 모듈로는 형태를 구현하기 어려울 때가 있다. 이 경우에는 두 방향에서 곡률을 준 이중 곡면으로 계획한다. 공장에 프레스기나 벤딩기 같은 성형 기계를 갖추고 있어 이중 곡면도 쉽게 만들 수 있다. 제재할 때에는 라이노 같은 3D 프로그램으로 모듈의 형태와 재단 지점을 데이터화하고, 기계가 G 코드(p.96 참고)로 변환한 뒤 5축 CNC 설비에 입력해서 재단한다.

직접 모듈을 가공하기도 한다. 12각 기둥을 비튼 듯한 형상의 우르바흐 타워Urbach tower는 각 면을 하나의 부재로 시공해 단 12개의 판재만으로 옆면을 구현했다. 이러한 형태를 만들려면 판재 하나하나에 곡률을 주어야 했는데 길이가 14m로 너무 길어서 기계 가공이 불가능했다. 그래서 벤딩하는 대신 판재의 모서리와 중심부의 함수율이 서로 다르게 나타나도록 건조해 자연적으로 비틀리게 했다.

감: 케임브리지 센트럴 모스크Cambridge Central Mosque는 이슬람 사원이지만 목구조를 적용했다.
-
레만: 케임브리지 센트럴 모스크는 유럽 최초의 친환경 이슬람 사원이다. 영국의 건축가인 마크스 바필드Marks Barfield는 숲속의 고요한 오아시스라는 콘셉트로 공간을 계획하고, 고딕 양식에서 자주 등장하는 곡선 기둥으로 나무의 형상을 표현했다. 기둥에서 뻗어나온 가지는 상부에서 포개어지면서 천장에 이슬람 문양의 패턴을 만든다.

감: 어떤 과정으로 지어졌나?
-
레만: 먼저 기둥 상부가 천장에서 겹치면서 8각형의 격자구조를 이루도록 변수를 잡고, 파라메트릭 작업을 통해 2,746개의 부재를 145종의 모듈로 구분했다. 각 부위의 모듈은 공장에서 1차로 조립하고, 현장에서 최종 결합했다. 수직부를 조립할 때에는 우선 16개의 곡선 부재를 동그랗게 둘러서 모양을 잡았다. 그다음 방사형으로 생긴 이데픽스 커넥터의 팔 16개를 각 부재의 윗면에 고정해 나무 몸체의 형태를 만들었다.

천장부는 부재가 맞닿는 위치를 확인하고, 겹쳐지는 만큼 홈을 파서 암수를 짜맞췄다. 모듈의 종류가 적었던 수직부와 달리 천장부는 부재마다 모양이 다르고 결합 지점이 많아 시뮬레이션을 통해 조립 순서를 세밀하게 계획했다. 또 모든 부재에 이름과 번호를 적어두고 시공 순서에 맞춰 현장에 배송했다. 작업 기간과 순서까지 세세하게 관리한 덕분에 4,900m²에 달하는 면적을 단 6개월 만에 지을 수 있었다.

케임브리지 센트럴 모스크
-
설계: 막스 바필드 아키텍처 위치: 영국 케임브리지시 CB1 3DF Mill Rd, 309-313 연면적: 4,900m²
규모: 지상 1층, 지하 1층 구조: 목구조 완공: 2018년

스와치 본사 S1
-
설계: 시게루 반 아키텍츠
위치: 스위스 베른주 2500 비엘
Nicolas G. Hayek Str. 1
연면적: 25,000m² **규모**: 지상 5층
구조: 목구조 **완공**: 2019년

감: 시계 브랜드 스와치Swatch의 본사인 S1은 입면 전체에 목재를 적용했다.
-

레만: 목재는 지속 가능한 건축물을 짓고자 했던 건축주가 직접 선택한 재료다. 설계를 담당한 일본의 건축가 시게루 반Shigeru Ban은 길이 240m, 높이 28m, 최대 폭이 53m인 거대한 건물에 목재 그물을 덮어 입면에 패턴을 만들었다. 자세히 들여다보면 겉으로 드러나는 부분만이 아니라 하중을 지지하는 구조재까지 모두 목재다.

감: 입면을 덮는 비정형의 그리드는 어떤 방식으로 구현했나?
-

레만: 11,000m²에 달하는 면적을 목제 그물로 감싸기 위해서는 약 4,600개의 보가 필요했다. 문제는 위치마다 곡률이 달라 부재를 모듈화하기가 어려웠다. 그래서 3D 프로그램으로 부재를 직선재와 단곡선재, 이중 곡선재로 구분해 제작했다. 각 모듈은 암수를 맞추는 방식으로 형태를 만들고, 나사로 한 번 더 고정했다. 어느 하나 같은 모양이 없어서 어려웠지만 파라메트릭 과정으로 구조와 결합 지점을 확인한 덕분에 철제 부품은 1만 6천 개, 연결 철물은 14만 개 이상 줄이는 성과를 얻었다.

감: 프로젝트를 진행하면서 어려웠던 점은 무엇인가?
-

레만: 구조가 노출된 데다 입면이 투명하게 개방돼 있어 설비를 설치할 공간이 마땅치 않았다. 그래서 보에 구멍을 뚫고 그 사이로 플라스틱 소재의 배관을 통과시켜 케이블과 설비가 지나가는 길을 만들었다. 혹여 설비의 하중으로 인해 입면이 무너지지 않도록 적용한 모습을 여러 차례 시뮬레이션했다.

감: 그 밖에 목재의 활용을 늘리기 위해 진행한 프로젝트가 있다면?
-

레만: 목재를 이용한 모듈러 건축 시스템을 개발했다. 모듈러 건축은 부재의 규격과 시공 방식이 표준화되어 있기 때문에 제작이 빠르고, 조합 방식에 따라 공간을 여러 형태로 바꿀 수 있다. 현재 학교나 아파트 같은 공간에 적용하고 있고 조금씩 활용을 늘릴 계획이다.

블루머 레만Blumer Lehmann
1875년 설립된 스위스의 목재 건설회사로, 목조건축을 짓는 데 필요한 전문 지식을 전 과정에 걸쳐 제공한다. 또한 여러 프로젝트를 시공하면서 쌓은 경험과 노하우를 바탕으로 전 세계 목조건축 시장을 개척하며, 그간 볼 수 없었던 형태의 건물을 구현한다. 대표 작업으로는 해슬리 나인 브릿지 골프 리조트Hasely Nine Bridges Golf Club House, 영국의 케임브리지 센트럴 모스크가 있다.
www.lehmann-gruppe.ch/en/

2

ISSUE OF WOOD ARCHITECTURE

Types

공학목재 바로 알기

면재

면 형태로 제재한 판재를 적층하여 만든 공학목재다. 두께가 50mm로 두꺼운 층재부터 0.3mm로 얇은 단판까지 다양한 자재를 원료로 하며 주로 구조재로 사용한다.

구조용 집성재 Glulam, GLT, Glued Laminated Timber

두께가 20~50mm인 층재를 나뭇결이 평행하도록 적층해 만든 자재를 말한다. 접착제로 부재를 붙였다고 하여 글루램(이하 글루램)이라고 부르기도 한다. 강도가 높은 낙엽송[Wc02]이나 가문비나무(Spruce, 스프루스)[Wfe01], 홍송(Douglas Fir, 더글라스 퍼)[Wfu02] 같은 수종을 원료로 한다.

동일한 크기의 제재목보다 구조 성능이 우수하고, 핑거조인트[1] 방식으로 길이를 연장하는 것이 가능하다. 그러나 한 방향으로만 쌓기 때문에 그와 수직인 방향으로는 강도가 약하다. 주로 보나 기둥과 같이 한 방향으로 길이가 긴 부재를 만들 때 쓰이고, 대형 목조건축물이나 교량에 적용한다.

1) 핑거조인트(Finger joint):
부재의 끝을 손가락 모양으로 절삭하고 서로 겹쳐서 접착하는 이음 방법

구조용 직교집성판 CLT, Cross Laminated Timber

30~50mm의 두께로 재단한 층재를 나뭇결 방향이 직교하도록 적층하여 접착한 구조용 목재다. 흔히 CLT(이하 CLT)라고 부른다. 3겹이나 5겹, 7겹 등 홀수 층으로 쌓는 것이 특징이다. 강도가 높고 가공성이 좋은 가문비나무나 소나무[Wc01], 홍송 등의 수종을 원료로 사용한다.

한 방향으로 적층하는 글루램과 달리 위아래로 맞닿는 목재가 서로 수직을 이루도록 쌓기 때문에 모든 방향에서 성능이 균일하다. 또한 폭이 2.4m, 길이가 20m에 달할 정도로 크게 제작이 가능해 그 자체로 벽과 바닥을 이룰 수 있다.

목재로 고층 건물이나 대규모 경기장, 비정형 건축물을 지으려면 강도나 인장력과 같은 물성을 강화해야 한다. 공학목재는 여러 겹 접합하고 압축하는 방식으로 부족한 성능을 개선해 자유로운 형상을 구현해 낸다. 이번 장에서는 원료의 형태를 기준으로 공학목재의 종류를 구분하고, 각각의 특징과 쓰임새를 살펴본다.

글 정신오

NLT Nail Laminated Timber

접착제로 판재를 고정하는 다른 공학목재와 달리 못이나 나사를 박아서 만든다. 접착이나 압착 공정이 필요하지 않아 별도의 설비 없이도 제작이 가능하다. 주로 바닥이나 벽 등에 판상재로 활용한다. 이 밖에 제작 방식은 비슷하지만 못 대신 다월을 이용한 DLT Dowel Laminated Timber가 있다.

단판적층재 LVL, Laminated Veneer Lumber

원목을 돌려깎아 2.5~6mm의 두께로 만든 얇은 단판을 나뭇결 방향이 평행하도록 적층한 자재를 뜻한다. 단판을 많이 적층할수록 옹이와 같은 결점이 분산돼 모든 지점에서 균일한 품질을 발휘한다.

그러나 얇게 재단하는 과정에서 생기는 미세한 틈 때문에 나뭇결 방향으로는 전단강도가 낮고, 못을 박으면 쉽게 갈라진다. 주로 창이나 문 위에 설치하는 인방이나 보와 같은 수평 부재로 사용한다.

합판 Plywood

0.3mm의 두께로 얇게 절삭한 단판에 접착제를 도포하고, 나뭇결 방향이 직교하도록 적층한 자재를 말한다. CLT와 마찬가지로 홀수층을 이루도록 쌓는 것이 특징이다. 다만 두께가 얇은 면재를 사용하기 때문에 완성한 후에도 두께가 1~30mm로 얇다.

용도에 따라 구조용과 장식용으로 구분한다. 구조용은 홍송이나 솔송나무Wc04와 같이 강도가 우수한 침엽수를 원료로 한다. 벽 패널이나 가구에 적용하는 장식용은 결이 아름다운 자작나무Wfu07나 편백나무Wfi12를 많이 쓴다.

스트랜드 Strand

스트랜드는 생산 과정에서 생긴 자투리나 나뭇조각을 통칭한다. 부재를 잘게 부수는 과정에서 목재 본연의 결점이 분산되기 때문에 건축재로 잘 사용하지 않는 속성수나 상처가 많은 목재도 원료로 쓸 수 있는 것이 장점이다. 그러나 크기가 작은 만큼 접착제를 많이 사용하므로 같은 규격의 제재목보다 무게가 많이 나간다.

단스트랜드 적층재
OSB, Oriented Strand Board

수피를 제거하지 않은 원목을 두께와 길이가 각각 0.2~0.5mm, 75~150mm가 되도록 잘게 부수고 일정한 두께로 접착한 뒤, 열과 압력을 가해 판상형으로 만든 자재다. 큰 제재목만 원료로 쓸 수 있는 합판의 단점을 보완하기 위해 개발됐다. 스트랜드가 같은 방향을 향하도록 배치하는 것이 특징이다. 습기에 약해 외장재보다는 내장재로 많이 사용한다.

중스트랜드 적층재
LSL, Laminated Strand Lumber

OSB와 마찬가지로 수피를 제거하지 않은 상태의 원목을 잘게 부수고, 일정한 두께로 성형한 뒤 열과 압력을 가해 판상형으로 만든 공학목재다. 원료인 스트랜드의 길이가 300mm로 비교적 길고 두께도 0.7~1.5mm로 두껍다. 주로 보나 창틀, 가구의 뼈대로 쓰이고, 부재 사이의 거리가 2,400mm 이하인 부위에 적용한다.

장스트랜드 적층재
PSL, Parallam, Parallel Strand Lumber

두께가 2~3mm, 폭은 12~16mm, 길이는 2,400mm 미만인 스트랜드를 결 방향으로 평행하게 접착한 부재다. 원목을 재단한 뒤 한 번 더 잘게 부순 나뭇조각을 원료로 한다.
    제작 과정에서 결점이 분산되어 원목 상태일 때보다 강도가 우수하고 휨이나 뒤틀림이 적다. 그러나 외관이 투박하고 표면에 톱이나 드릴이 남긴 마모 자국이 많다. 주로 보나 장선, 인방과 같은 수평 구조재로 쓰인다.

칩과 섬유

목재를 제재하거나 가공하는 과정에서 생기는 칩이나 가루도 공학목재의 원료가 된다. 이들은 크기가 매우 작아 결의 영향을 받지 않고, 그 덕분에 모든 위치에서 균일한 성능을 발휘한다. 또 미세한 물질을 원료로 하기 때문에 목섬유부터 자투리 목재나 지푸라기, 사탕수수까지 다양한 재료를 사용할 수 있다.

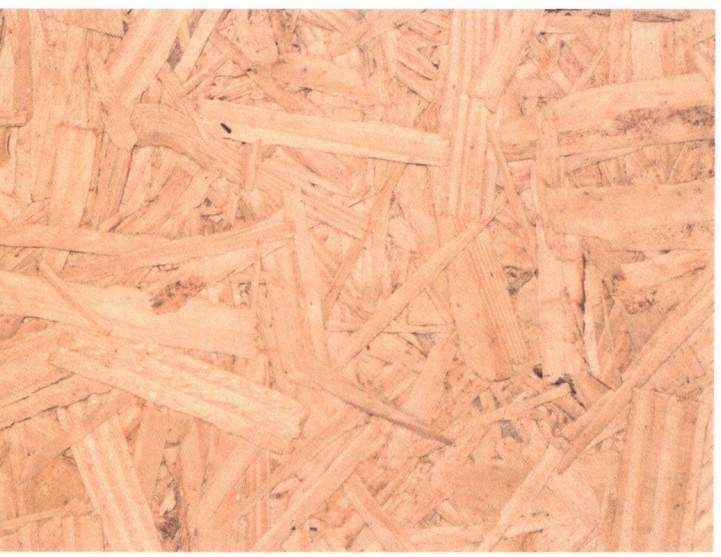

웨이퍼보드 Waferboard

폐목재를 활용하기 위해 개발된 자재다. 제재 과정에서 발생한 파편이나 폐가구를 얇게 켜낸 칩을 접착제로 고정하고, 압력을 가해서 만든다. 얇은 조각으로 이루어져 있어 플레이크 보드라고 부르기도 한다. OSB와 외관이 비슷하여 혼동하기 쉽지만 섬유의 방향이 일정하지 않고 강도가 더 약하다. 구조재보다는 수납 가구의 측면이나 뒷면 부재로 쓰인다.

섬유판 Fiberboard

고운 목섬유를 원료로 하는 공학목재다. 곡면을 비롯해 여러 형태로 제작할 수 있고, 두께도 1.5~30mm로 다양하다. 제조 과정에서 가해지는 압력의 정도에 따라 다양한 밀도의 제품을 만들 수 있다.

저밀도섬유판 LDF, Low Density Fiberboard
비중이 0.35 미만인 섬유판으로, 연질 섬유판이라고도 부른다. 가공 과정에서 생긴 부산물이나 폐가구를 길이가 10~30mm, 폭이 1~3mm가 되도록 분쇄하고, 접착제로 고정하여 만든다. 주로 가구재나 데크재로 사용한다.

중밀도 섬유판 MDF, Medium Density Fiberboard
비중이 0.35~0.85인 섬유판을 말하며, MDF라는 이름으로 잘 알려져 있다. 평활도가 우수해 표면을 도장하기에는 좋지만 물을 흡수하면 부풀고 강도가 떨어진다. 주방과 같이 물을 사용하는 공간에 적용할 때는 PVC 필름이나 멜라민 수지를 함침한 시트를 붙여 표면을 보호한다.

고밀도 섬유판 HDF, High Density Fiberboard
비중이 0.85 이상인 섬유판이다. MDF보다 강도가 높고 품질이 좋아 고급 가구나 마루의 재료로 쓰인다.

파티클보드 Particleboard

제재 과정에서 생긴 칩 형태의 자투리를 접착제로 고정해 만든 판상재다. 자투리를 재사용할 수 있어 원목 사용률이 높은 것이 장점이다. 또 접착 과정에서 생긴 칩 사이의 틈으로 소리와 습기를 흡수한다. 단점은 나사나 못을 박았을 때 고정력이 약하고 작은 충격에도 쉽게 손상된다. 대개 가구재로 사용하고 특히 주방 하부장의 재료로 잘 알려져 있다.

Interview

기본기부터
탄탄한 공학목재

아랫돌 빼서 윗돌 괴는 하석상대(下石上臺)의
방식으로 굳건한 석탑을 지을 수 없듯 기초부터
튼튼한 목재로 짓지 않으면 안전한 고층 목조
건축물을 기대하기 힘들다. 에스와이우드는 소재의
물성에 최적화된 방식으로 목재를 가공해 내면까지
단단한 공학목재를 만들어 낸다.

-
인터뷰 정신오
인터뷰이 에스와이우드 조재성 연구소장
사진 제공 에스와이우드(별도 표기 외)

감씨(감): 최근 친환경 건축재료로 공학목재가 주목받고 있다. 에스와이우드에서는 어떤 공학목재를 생산하나?

조재성(조): 구조용 집성재(이하 글루램)에 집중한다. 원목은 크기나 품질을 기준으로 등급을 확인할 수 있지만 재료마다 결함의 모양과 위치가 달라 정확한 구조 성능을 계산하기가 어렵다. 또 원목의 크기에 따라 생산 가능한 규격이 제한된다. 반면 글루램은 생산 과정에서 결함을 제거하기 때문에 정확한 물성값을 계산할 수 있다. 핑거조인트 방식으로 길이를 연장하는 것이 가능해 기다란 부재를 만들기에도 유리하다. 우리는 글루램을 좀 더 다양한 구조와 형태로 활용하도록 돕는다. 이를 위해 접착제를 도포하는 기계부터 압착하는 프레스기, 단단히 고정하거나 곡면의 형태를 만드는 클램핑 장비까지 부재를 생산하고 가공하는 데 필요한 설비를 빠짐없이 갖추고 연구를 지속하고 있다.

감: 글루램을 만들 때는 어떤 수종을 사용하나?

조: 강도가 높은 목재를 사용한다. 캐나다나 미국에서는 홍송(Douglas Fir, 더글라스 퍼)Wfu02이나 가문비나무(Spruce, 스프루스)Wfe01를, 일본에서는 스기라고 불리는 삼나무Wc05를 쓴다. 우리는 수입산 홍송과 국산 낙엽송Wc02을 주로 사용한다. 최근에는 수입산 목재의 가격이 3배 이상 오르면서 국산 낙엽송의 비중을 늘리고 있다.

감: 글루램의 품질을 위해서 신경 쓰는 부분이 있다면?

조: 글루램의 품질은 목재를 얼마나 적절하게 건조하는지에 따라 결정된다. 이름에서도 알 수 있듯 글루램은 접착제로 판재를 고정해서 만드는데, 이때 목재에 수분이 많으면 쉽게 떨어진다. 결합력을 높이기 위해서는 수종에 적합한 함수율로 건조하는 것이 중요하고, 일반적으로 15% 미만이 될 때까지 말린다.

서울대학교 관악수목원 전경. 목재 기둥이 처마에 가려지도록 해 수분에 노출되는 면적을 줄였다.

©김정현/정수합스튜디오

감: 수입산 목재는 성장 환경이 국내와 다르다. 적용하는 데 문제는 없나?
조: 앞서 말했듯이 모든 목재는 글루램으로 제작하기 전에 최적의 함수율을 갖도록 건조한다. 수입산도 마찬가지다. 그래서 서식지가 다른 것은 크게 문제되지 않는다. 오히려 외부에 적용할 때를 조심해야 한다. 목재는 여러 겹으로 이루어져 있어 비나 습기에 노출되어도 수분이 일정 깊이 이상으로 스며들지 못한다. 하지만 이 상태가 장시간 지속되면 물에 잠긴 것처럼 수분이 세포 내부까지 침투해 강도가 떨어진다. 특히 2020년처럼 장마가 두 달 가까이 지속된다면 주의가 필요하다. 그래서 외장재로 사용하는 경우에는 제작 후에 발수제를 바르고, 위에 처마와 같은 가림판을 두어 수분에 노출되는 면적을 최소화한다.

감: 공학목재를 적용할 때에 주의해야 할 점이 있다면?
조: 간혹 디자인을 위해 결이 아름다운 수종이나 더 얇은 목재를 적용하고 싶어 하는 경우가 있다. 하지만 건물의 구조와 안전을 생각한다면 피해야 한다. 재료의 물성에 큰 차이가 없는 철골구조나 철근콘크리트 구조와 달리 목재는 수종에 따라 강도가 다르다. 그래서 사전에 수종을 선정하고, 한국산업표준에서 규정하는 구조용 집성재의 등급(KS F 3021)을 기준으로 구조기술사가 부재를 설계한다. 그래서 다른 구조에 비해 크기나 수종의 선택이 제한적이다. 목구조를 계획한다면 이러한 부분을 미리 고려해야 한다.

감: 최근 연구 중인 공학목재가 있다면?
조: 못을 이용해 목재를 결합한 자재인 NLT를 연구하고 있다. NLT는 결함을 보완하거나 제거하지 않고 제작하기 때문에 글루램이나 구조용 직교집성판(이하 CLT)보다 목재이용률이 높다.

감: 최근 정부는 건축 분야에서의 목재 사용을 장려하고 있다. 공학목재의 가능성을 어떻게 전망하나?

조: 사용량은 늘어날 것이다. 그러나 그전에 비용 문제가 해결돼야 한다. 현재 건축재로 활용되는 목재는 수입산이 훨씬 많다. 가격이 국산보다 더 저렴하기 때문이다. 일본에서는 자국의 목재를 사용하면 건축가에게 보조금을 지원해주는 방식으로 비용 격차를 줄인다. 시장은 가격 논리를 무시할 수 없음에도 우리나라는 아무런 대비책이 없다. 국산 목재의 활용도를 높이기 위해서는 이를 보완하는 제도가 뒷받침되어야 한다.

감: B2B 시장에 집중하는 다른 목재 업체와 달리 B2C 시장에 주목한다는 점이 신선하다.

조: 목재를 구조재로 활용하는 사례가 점점 줄고 있다. 아파트만 봐도 예전에는 창호나 내벽에 목재를 적용했지만 지금은 찾아보기가 어렵다. 대부분 내장재나 가구재처럼 실내에 사용하는 정도에 그친다. 우리는 목재를 건축재료로 다양하게 활용할 수 있음을 알리기 위해 여러 가지를 시도하고 있다. 웹사이트를 통해 소량으로 목재를 판매하고, 목재를 적용하려는 일반인에게 상담 서비스를 제공하는 것도 그 일환이다. 또 본사에 목눌관이라는 전시관을 만들어 투어 프로그램을 운영하기도 한다.

1 클램핑 장비를 이용해 글루램을 곡면으로 가공하는 모습
2, 3 목재는 공간을 구축하는 튼튼한 뼈대가 되어준다.

에스와이우드

에스와이우드는 1992년 목재를 수입하는 사업을 시작으로 현재는 내장재용 특수목을 유통하고, 글루램을 제작한다. 필요에 따라 설계와 시공에도 함께 참여한다.

www.sywood.co.kr

Interview

국내 공학목재
시장의 선구자

목재 집성 기술이 가구나 피아노와 같은 악기에만
쓰이던 시절, 경민산업은 집성목으로 기둥을 세우고
지붕을 만들었다. 미지의 바다에 가장 먼저 뛰어드는
퍼스트 펭귄처럼 시장을 개척해 목재 산업의 흐름을
바꾼 경민산업의 이야기를 담았다.

-
인터뷰 **정신오**
인터뷰이 **경민산업 이한식 대표**
사진 제공 **경민산업**(별도 표기 외)

감씨(감): 국내시장에 처음으로 구조용 집성재(이하 글루램)를 소개했다. 어떤 점에 주목하게 됐나?
이한식(이): 초반에는 원목을 수입해 유통하는 일을 했다. 당시만 해도 수입 목재가 익숙하지 않았던 터라 원목을 직접 재단해 사람들에게 사용 방식을 일일이 보여줬다. 그러다 보니 목재의 강도나 함수율 같은 물성값이 궁금해졌고, 직접 건조 기술을 개발해 용도별로 적합한 물성값을 알아내기에 이르렀다. 이렇게 가공업까지 차츰 업역을 넓혔고, 가장 마지막 단계인 집성 분야에까지 발을 들이게 됐다. 처음 집성 기술을 개발했을 때에는 주로 악기 부품이나 내장재, 가구재 같은 장식용 부재에 적용했다. 글루램을 생산하기 시작한 것은 1990년대 초반에 전원주택 붐이 일면서부터다.

감: 글루램을 시장에 선보였을 때의 반응은 어땠나?
이: 미미했다. 유럽에는 글루램으로 지은 건축물이 많다. 심지어 교회나 성당 같은 종교건축물에 적용하기도 한다. 가까운 일본에서도 건물에 활용한 사례가 간간이 있었기에 우리나라도 글루램에 대한 수요가 있을 것이라 예상했다. 그러나 착각이었다. 대부분은 목구조를 낯설어 했다. 건축법규와 기준이 철근콘크리트나 철골구조를 중심으로 형성되어 있다 보니 더더욱 사용하기를 꺼려서 처음 2~3년간은 고전했다.

감: 글루램을 본격적으로 활용하게 된 계기는 무엇인가?
이: 1996년 국립산림과학원에서 전시실을 기획하며 일부 공간에 국산 목재로 만든 글루램을 적용하고자 했다. 그 무렵 구조재는 대부분 수입재였고 국산재는 소나무Wc01와 편백나무Wfi12가 그나마 전통 한옥이나 내장재로 쓰이는 정도였다. 낙엽송Wc02은 결점이 많아 구조재로는 잘 사용하지 않았다. 그러나 다른 국산 침엽수종보다 강도가 높고 가격이 저렴해 원료로 선택되었고, 국내에서 유일하게 집성재 제조설비를 갖추었던 우리가 참여해서 처음 제조하게 됐다. 이후 설계를 담당했던 국민대학교 건축학과 김홍식 교수가 글루램을 이용해 박물관, 체육관, 교량과 같은 건축물을 짓기 시작했다. 여기에 함께 참여하면서 활용도를 알리게 됐다.

1

2

3

1 충청북도 청주에 위치한 미동산수목원의 목재문화체험장. 글루램으로 골조를 세웠다.
2, 3 궁정동 사회주택 시공 과정. 바닥에 철물을 설치한 뒤 CLT로 제작한 벽체를 설치했다.

감: 경민산업만의 차별화된 글루램 기술이 있다면 소개해 달라.

이: 무늬목이나 시트지를 덧대지 않고 원목 고유의 결을 유지하는 '무늬결 맞춤 집성재'를 개발해 특허를 받았다. 글루램은 제재목을 접착해서 만드는데, 재단하고 다듬는 과정에서 두께가 5mm 이상 깎여 나가기 때문에 목재 특유의 결이 거의 남지 않는다. 우리는 가공 전에 미리 부재를 집성할 위치를 정하고, 깎이는 두께를 2mm로 최소화해 결이 자연스럽게 연결되도록 했다.

감: 구조용 직교집성판(이하 CLT)을 적용한 건축 프로젝트에도 여러 차례 참여했다. 연간 생산하는 CLT의 양은 어느 정도인가?

이: 거의 생산하지 않는다. CLT를 만들기 위해서는 고가의 전용 가공시설이 필요한데 국내에선 설비 비용 이상의 수익을 낼 정도로 수요가 많지 않다. 또 CLT는 다른 공학목재보다 목재 사용량이 많아서 가격이 비싸다. 그러다 보니 CLT가 반드시 필요한 중고층 목구조가 아니면 거의 적용하지 않는다. 지금은 구조설계와 시공, 프리패브리케이션에 집중하고 있다.

감: 국내에서 목재의 프리패브리케이션이 일반적인가?

이: 그렇지 않다. 프리패브리케이션의 장점은 많은 양의 부재를 공장에서 빠르고 정밀하게 생산해서 현장의 노동력과 인건비를 줄이는 것인데 그렇게 하려면 전용 가공설비를 갖추고 있어야 한다. 하지만 우리나라는 목재를 대량으로 사용하는 프로젝트가 많지 않고, 업체 규모가 영세하다 보니 설비를 갖춘 곳이 드물다.

감: 프리패브리케이션 방식은 어떤 순서로 진행하나?

이: 모듈을 계획하는 것에서부터 시작한다. 우선 응력을 계산해서 그에 맞는 연결 부위와 접합 방식을 정한다. 그다음에는 구조기술사에게 계획안의 구조 안전성을 검토받고 그에 맞춰 부재를 제작한다. 모듈을 만들 때에는 수축팽창을 고려하여 오차를 2mm 이하로 정밀하게 제작한다. 생산한 부재는 현장으로 운반하고, 수직에서 수평의 순서로 조립한다.

감: 프리패브리케이션 방식을 적용한 사례가 있다면 소개해 달라.

이: 서울 종로구에 위치한 주한 스위스 대사관은 한옥의 서까래 구조를 현대적으로 해석한 프로젝트로 벽이나 지붕 같은 판상재부터 보, 기둥까지 대부분 프리패브리케이션으로 지어졌다. 부재가 많은 구조였는데 현장이 도심 한복판이라 작업 공간이 협소해서 조립이 어려웠다. 또 국내에서 처음으로 목재와 콘크리트를 혼합한 합성 슬래브 개념을 시도했던 터라 접합부를 계획하면서 고생했던 기억이 난다.

감: 건축가와 작업할 때는 어디까지 관여하나?

이: 건축가가 목구조에 익숙하지 않다면 우리가 구조를 계획한다. 이 경우 접합 방식부터 결속부의 형태, 철물의 종류 같은 세부적인 내용까지 검토한다. 필요에 따라 단열이나 차음 같은 기능적인 부분을 해결하기도 한다. 목구조에 대해 어느 정도 알고 있고, 구조도까지 완성된 상태라면 시공이 가능한지를 검토하는 정도로 끝난다.

목재는 제재하는 과정에서 나무의 모습이 사라지지만 그 특징은 관성처럼 남아있다. 이산화탄소를 저장하고 주변의 온도나 습도에 따라 수축팽창하는 것이 그 반증이다. 하지만 많은 이들이 목재의 물성을 고려하지 않고, 물성과 형태가 고정된 콘크리트나 철재와 똑같은 방식으로 적용한다. 그래서 문제가 생기는 것이다. 이러한 부분까지 고려해서 설계에 반영한다면 더 아름답고 견고한 목조건축을 이루어 낼 수 있을 것이다.

경민산업㈜
1975년 창립한 국내 최초의 글루램 전문 업체다. 1999년에 KS 산업규격인증을 획득하고, 2005년에는 건설기술연구원의 내화구조재 인증을 받으며 국내에 대형 목구조 건축이 자리 잡는 데에 큰 공헌을 했다. 이후 목구조 전문 건설업으로 영역을 확장하여 다양한 용도의 구조용 집성재를 국내시장에 공급하고 있다.
www.kmbeam.co.kr

Structure

탄소중립의
실마리를 찾아서

글 정경화

콘크리트 건물로 가득했던 도시에 변화의 바람이 불고 있다. 그 주역은 다름 아닌 목재, 그중에서도 공학목재의 한 종류인 구조용 직교집성판(이하 CLT)이다. CLT는 뛰어난 물성으로 철근콘크리트를 대체하며 불가능해 보였던 고층 목조건축을 구현해 냈다. 탄소중립을 실현할 해결책이자 지속 가능한 건축을 위한 핵심 재료로 꼽히는 CLT를 소개한다.

합판과 집성재의 장점만 모아

최근 목조건축에서 나타나는 가장 큰 변화는 대형화와 고층화다. 2017년 캐나다에 지어진 18층 규모의 빌딩 브록 커먼스Brock Commons를 시작으로, 2019년에는 오스트리아의 호호 비엔나HoHo Wien와 노르웨이의 미에스토르네Mjøstårnet가 잇달아 완공되며 불과 1~2년 사이에 세계에서 가장 높은 목조 건축물이 빠르게 바뀌었다. 일본에서는 2041년까지 70층 규모(350m)의 목조건물을 완공하는 W350 프로젝트를 발표하기도 했다. 이렇게 전 세계 각국에서 열 올리는 고층 목조건축이 가능해진 데에는 CLT의 영향이 크다.

    CLT는 일정한 두께로 제재한 목재를 여러 개 모아 집성하고, 이 판을 층층이 쌓아 두껍게 만든 판상재다. 수평으로 가해지는 힘에 강해 내진 성능이 뛰어나고 기존의 공학목재와 비교해 단열성과 차음성, 내화성이 개선됐다. 그간 개발된 다양한 공학목재 중에서도 유독 CLT만 이렇게 독보적인 물성을 발휘하는 이유는 무엇일까?

    첫 번째 비결은 목재를 집성하는 방식이다. 구조용 집성재가 제재목을 나뭇결 방향대로 켜켜이 쌓는다면, CLT는 직각으로 교차하며 적층한다. 그러면 결의 길이가 긴 면이 수직, 수평 방향으로 번갈아 나타난다. 이렇게 제작한 자재는 한 방향으로 집성한 것보다 수축팽창이 적고 뒤틀림이나 균열에 강하다. 두 번째는 목재의 두께다. 얇게 켜낸 판을 쌓아 만드는 합판과 달리 CLT는 두께가 6~50mm인 제재목을 적층한다. 합판이 종이를 겹치는 방식이라면 CLT는 블록을 쌓는 것과 비슷하다. 덕분에 비중 대비 압축강도가 콘크리트의 9배에 달할 정도로 견고하고 열을 품는 축열 성능도 우수하다. 뛰어난 물성은 판상재라는 형태와 만나 그 활용도를 더욱 극대화한다. CLT는 나뭇결을 교차하며 쌓기 때문에 일반적인 집성재와 달리 모든 방향에서 오는 하중을 견딜 수 있다. 그래서 다양한 두께와 길이로 제작이 가능하고 적용 부위도 벽이나 바닥, 천장에 관계없이 자유롭다. 철근콘크리트의 대체재로 자리 잡고, 고층이나 대형 빌딩을 지을 수 있게 된 것은 모두 이 덕분이다.

지구를 지키는 건축재료

CLT는 물성이나 활용도 면에서 수많은 장점을 갖췄다. 그러나 이 자재가 주목받는 가장 큰 이유는 바로 지속가능성이다. CLT는 스스로 탄소를 저장할 수 있고, 건축의 전 과정에서 배출하는 탄소량 또한 철이나 콘크리트보다 적다. 게다가 공장에서 부재를 미리 제작할 수 있어 현장 작업이 크게 줄어들고 무게가 가벼워 자재를 운반하는 데에 드는 에너지도 훨씬 적다. 실제로 CLT 구조인 건물을 짓는 과정을 살펴보면, 공장에서 CNC 기계를 이용해 부재를 원하는 형태로 가공하고 현장에서는 조립만 한다. 또한 제작 가능한 부재의 크기가 길이는 최대 20m, 폭은 5m로 매우 크다. 물을 쓰지 않는 건식 공법이라 양생 기간이 필요한 다른 재료보다 공사 기간이 짧다는 것 역시 장점이다. 2020년 영국의 건축 정보 플랫폼인 '빌딩 보드룸Building Boardroom'에서 발표한 자료에 따르면 8층 규모의 건축물을 CLT로 짓는 경우, 철근콘크리트 구조일 때보다 공사비를 적게는 3%, 많게는 7%까지 낮출 수 있다. 이렇듯 다재다능한 CLT의 모습에 많은 이들은 앞으로의 활용을 더욱 기대한다. 시장조사 기관인 IMARC 그룹에서는 2019년 기준 7억 7300만 달러 규모였던 전 세계 CLT 시장이 2025년에는 16억 달러로 두 배 이상 성장할 것이라 전망하기도 했다.

1

세계 각국의 CLT 사용법

CLT는 1990년대 초 오스트리아에서 처음 개발되었다. 이후 기후위기의 대응책으로 목재가 주목받으면서 본격적으로 건축에 쓰이기 시작했고 유럽에서는 이미 익숙한 건축재료로 자리 잡았다. 그중에서도 오스트리아와 독일, 이탈리아, 스위스가 4대 생산국으로 꼽히며, 스토라 엔소Stora Enso와 KLH, 빈더홀츠Binderholz, 하슬라커Hasslacher 등 CLT 대표 제조사들도 대부분 이곳을 중심으로 포진해 있다. 오스트리아는 CLT를 처음 도입한 곳이자 세계 최대 생산국으로, 건축 또한 가장 적극적으로 이루어진다. 오스트리아에 이어 두 번째로 CLT를 많이 생산하는 독일은 프레스나 프리컷 장비 같은 제조 설비를 다루는 기술력이 뛰어나다. 이탈리아에서는 지진이 잦은 탓에 일찍부터 목조건축을 활발히 지어 왔고, 자연스레 CLT와 하드웨어 기술도 발달했다.

일찍이 목조건축 강국으로 자리매김한 북미지역에서도 움직임이 활발하다. 건설 분야의 대표 스타트업으로 꼽히는 카테라Katerra는 2019년 북미에서 가장 큰 규모의 CLT 제조 공장을 설립했고, 이후 북미 전체 생산량의 30%에 달하는 양을 제조했다. 2020년에는 자체 생산한 CLT와 글루램을 적용해 연면적이 16만 5000m²에 달하는 카탈리스트 빌딩Catalyst Building을 완공하기도 했다. 카테라가 제조부터 시공에 이르는 전 과정을 한 곳에서 수행하는 원스톱 시스템을 구축했다면, 구글의 자회사인 사이드워크 랩Sidewalk Labs은 CLT 건축을 도시 규모로 확장하는 실험을 한다. 그들은 미래도시를 구축하는 물리적 방식으로 CLT 구조를 제안하고 잠깐이나마 캐나다 토론토의 도심에 이를 실제로 구현하는 프로젝트를 펼치기도 했다. 비록 지금은 고층 건물에 대한 수요가 많지 않은 북미 주택 시장의 성격 탓에 두 기업 모두 운영을 멈추고 물러난 상태이지만, CLT 건축에 관한 시스템을 구축한 선례로 평가받고 있다. 캐나다에서는 앞서 언급했던 브리티시 컬럼비아 대학교의 기숙사 브록 커먼스를 통해 일찍이 CLT의 가능성을 보여주었다. 이 건물은 콘크리트 코어와 CLT를 함께 사용하는 하이브리드 공법으로 70일 만에 완공되었다. 건물을 시공하는 과정에서 배출한 이산화탄소의 양은 콘크리트와 철재로 지었을 때에 비해 2,400t 이상 줄어든 것으로 나타났다.

전 세계가 CLT에 주목하며 산업을 확장하는 것과 달리 한국은 이제 막 첫걸음을 내딛은 단계다. 국립산림과학원에서 연구개발을 주도하고 있고 경민산업, 산림조합중앙회 중부목재사업본부, 화천군청정산업진흥재단 세 곳에서 자재를 생산한다. 그러나 수요가 없다 보니 실제 건축물에 적용되는 경우는 드물다. 산림조합중앙회 송현호 유통지원부장은 "2018년에 장비를 도입했지만 2021년 5월 KS 기준이 만들어지고 나서야 상용화가 가능해졌다"며, "아직은 수요를 기대하기 어려운 시기"라고 말한다. 상황이 이렇다 보니 제조사에서도 아직까지는 CLT 사업에 소극적이다.

CLT는 주목받는 재료이지만 아직 극복해야 할 점이 많다. 비교적 최근에 쓰이기 시작한 재료라 품질이나 가격이 자리 잡으려면 시간이 필요하고, 목재의 고질적인 단점인 방음 문제도 해결해야 한다. 철근콘크리트 구조 중심인 법규와 시스템도 조금씩 바꿔 나가야 한다. 이러한 부분이 개선된다면 도시의 더 많은 풍경에 목조건축이 자리하게 될 것이다.

1
2019년에 완공된 오스트리아의 호호 비엔나 빌딩

2, 3
캐나다 브리티시 컬럼비아 대학교의 기숙사인 브록 커먼스

CLT의 제조 과정

1
층재 제조하기
CLT의 제조는 기본 구성 요소인 층재를 만드는 것에서부터 시작한다. 원목을 규격대로 제재하고 건조한 다음, 접착이 잘되도록 표면을 대패질하여 마무리한다.

2
층재 선별하기
CLT는 부위에 따라 요구되는 물성이 다르기 때문에 강도를 기준으로 층재를 선별해 집성한다. 응력 등급 구분기를 이용해 기계 등급을 구분하고 결점을 육안으로 측정해 1~5급으로 다시 한번 등급을 매긴다.

3
집성하기
층재의 집성과 압착은 CLT의 품질을 좌우하는 핵심 과정이다. 층재의 옆면이 서로 접하도록 배치하고 접착제를 균일한 두께로 도포해 고정한다. 이렇게 한 층을 완성하고 나면 그 위에 접착제를 바르고 직교 방향으로 층재를 덧쌓는 과정을 반복한다.

4
압착하기
집성 공정이 끝나면 유압 프레스로 부재를 옮기고 약 10분 정도 누른 다음 10분 동안 건조한다. 모든 면을 일정한 압력으로 눌러 목재의 평활도를 잘 잡는 것이 중요하다.

5
가공하기
접착제가 다 마르면 가공 기계에 투입한다. 정밀하게 작업해야 할 때에는 다축 수치 제어 기계를 이용해 구멍을 뚫거나 하드웨어를 설치할 위치까지 함께 가공하기도 한다.

6
포장하기
완성된 자재의 품질을 검사한 후에 자재명을 표시하고 포장한다. 제품은 현장이나 공장으로 보내져 건축물에 맞게 조립된다.

Tip) CLT 패널의 종류와 규격

CLT 패널은 층과 겹의 수를 기준으로 종류를 구분한다. 층은 CLT 패널을 구성하는 층재가 직교하는 횟수를, 겹은 겹치는 단의 개수를 의미한다. 3층 3겹과 5층 5겹은 벽체에, 3층 4겹은 지붕 널에, 5층 7겹과 7층 7겹, 9층 9겹은 바닥에 주로 사용한다. 일반적으로 두께는 최대 450mm, 너비는 600~3,000mm, 길이는 18m로 제조하고 한국산업표준(KS F 2081)에서는 두께는 500mm 이하, 너비는 300mm 이상으로 규격의 기준을 정하고 있다.

2019년 완공된 노르웨이의 호텔, 미에스토르네. 85.4m의 높이로 현재 세계에서 가장 높은 목조 건축물이다.

© Nina Rundsveen

Interview

맞춤 제작으로
구현하는 완성도

KLH는 연간 14만 m³의 구조용 직교집성판(이하 CLT)을 생산하며 유럽의 제조 시장을 주도하는 기업이다. 최초의 목조 고층 빌딩인 영국의 슈타트하우스(Stadthaus, 2009), 호주의 목조 아파트인 포르테(Forte, 2012)를 비롯해 초기의 CLT 건축은 대부분 이곳의 자재로 지어졌다. 지금도 생산량의 80%가량을 수출하며 전 세계에 부지런히 제품을 공급하고 있다. 그들의 제품에 담긴 기술과 차별점을 들어본다.

-
인터뷰 정경화
인터뷰이 KLH 마르코 후터 Marco Huter 디렉터
린우드 김형범 부장

감씨(감): 세계 최대 CLT 생산국인 오스트리아 내에서도 1위를 놓치지 않는다. 시장을 주도하는 비결이 무엇일까?
마르코 후터(후터): 1996년에 그라츠 공과대학교와 협력해 최초로 자재를 개발했고 1999년에는 생산을 시작하며 제조산업을 처음으로 개척했다. 지금도 다른 공학목재로 영역을 넓히지 않고 오로지 CLT에만 집중한다.
　꾸준히 품질을 유지하는 노하우라면 맞춤 제작을 가장 먼저 꼽을 수 있다. 자사의 모든 제품은 주문생산 방식으로 만든다. 규격은 최대 16.5×3.5×0.5m 내에서 자유롭게 결정하고, 코팅을 비롯한 표면처리 방법이 다양해 주변 환경에 가장 적합한 방식을 적용할 수 있다. 또한 가문비나무(Spruce, 스프루스)Wfe01를 기본으로 하지만, 원한다면 소나무Wc01나 전나무Wc06 등 다른 수종으로도 제작할 수 있다. 우리의 제품이 단독주택부터 고층 빌딩까지 용도나 규모에 관계없이 다양하게 적용되는 것은 이렇게 프로젝트마다 주어진 요구에 세심하게 대응한 결과다.

광범위한 컨설팅 서비스도 강점이다. 설계부터 엔지니어링, 시공까지 전 분야에 걸쳐 전문가를 두고 기술 자문을 제공한다. 이 밖에 건축물이 CLT 구조에 적합한지를 미리 검토하고 프로젝트에 맞는 디테일을 앞서 제안하기도 한다. CLT 건축의 하자는 대부분 목조건축에 대한 지식이 부족해 자재를 잘못된 방법으로 적용하면서 발생한다. 우리는 다방면의 서비스를 통해 자재에 대한 이해를 넓히고 하자를 줄여 완성도 높은 건축물을 짓도록 돕는다.

감: CLT를 제조하는 과정에서 다른 업체와 차별화되는 기술이 있나?
후터: 제조 과정에서 품질을 좌우하는 핵심 공정은 접착과 압착이다. 특히 고압으로 일정하게 접착하는 것이 관건이다. 우리는 자동화된 기계를 이용해 부재가 맞닿는 면에 접착제를 약 $0.15kg/m^2$의 비율로 고르게 도포하고 $0.6N/mm^2$의 압력으로 눌러 적층한다. 진공 프레스 기술과 비교하면 6배 이상 강한 힘이다. 이러한 과정을 거치며 더 많은 하중을 지지하게 된다.

감: 주문을 받으면 제품은 어떤 과정을 거쳐 현장으로 배송되나?
후터: 우선 건축물의 구조를 검토해 정확한 도면을 그리고 이를 바탕으로 견적을 산출한다. 계획안이 확정되면 제작에 들어간다. 부재는 공장에서 CNC 설비로 재단하고 자동화 시스템을 이용해 표면처리를 한다. 가공이 끝나면 자재를 컨테이너에 실어 현장으로 배송한다.

감: CLT는 접착하는 층재의 개수에 따라 종류가 다양하다. 그중 어떤 것을 주로 사용하나?
김형범(김): 대개 구조재로 사용하고 벽과 바닥, 지붕의 순으로 빈도가 높다. 건물의 규모나 하중에 따라 달라지지만, 대부분은 3, 5, 7층으로 적층한 제품을 쓴다. 벽체에는 3 Layers TT와 5 Layers TT를, 바닥과 지붕에는 3, 5, 7 Layers TL을 주로 적용한다. TT는 층재를 폭 방향으로 짧게 붙인 것이고, TL은 길이 방향으로 길게 접착한 제품이다. 단, 모든 층을 같은 방향으로 붙이는 것은 아니다. 3 Layers를 예로 들자면, TT는 3층 중에서 위아래의 두 층은 짧은 폭 방향으로, 중간층은 길이 방향으로 서로 직교하도록 적층한다. 반대로 TL은 위아래의 두 층은 길이 방향으로, 중간층은 폭 방향으로 적층한다. 층재의 배치 유형은 구조체가 받는 하중의 작용 방향과 역학 관계를 고려해 결정하게 되는데, 대개 벽체는 TT를 쓰는 것이, 바닥과 지붕에는 TL을 쓰는 것이 구조적으로 유리하다.

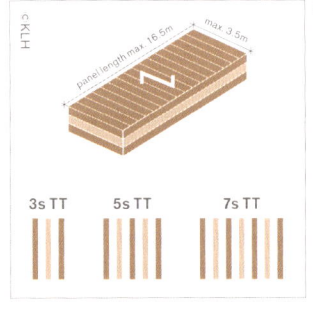

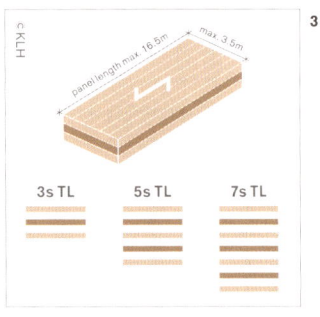

1
미국 밀워키에 위치한 빌딩 어센트Ascent. KLH의 CLT로 지어졌고, 총 25층 중 19개 층에 목재를 사용했다.

2, 3
3, 5, 7 Layers 제품의 층재 구성

KLH에서는 PEFC 또는 FSC 인증을 받은 목재로 CLT를 제조한다.

감: 철근콘크리트 구조와 비교하여 CLT 구조의 장단점을 소개해 달라.

후터: 가장 큰 강점은 지속가능성이다. 기후변화가 전 지구적인 문제로 부상하면서 친환경 소재인 목재의 중요성이 갈수록 커지고 있다. 사용량 역시 계속 증가하는 추세다. 이제 단순히 목재를 쓰는 것만으로는 충분하지 않다고 생각해 PEFC 또는 FSC 인증을 받은 지속가능한 재료를 사용한다. 접착제 또한 휘발성유기화합물(VOCs, Volatile Organic Compounds)을 방출하지 않는 폴리우레탄 베이스 제품을 적용한다.

    건축자재로서 장점을 꼽자면 단연 가벼움이다. CLT는 콘크리트보다 무게가 5배 이상 가벼워 작업이 간편하고 효율적이다. 또한 공장에서 정밀하게 가공하기에 작업이 빠르고 완성도도 높다. 여러 재료와 조합이 가능해 원하는 디자인을 자유롭게 시도할 수 있다는 것도 장점이다. 반면 무방비 상태로 물에 오랫동안 노출되면 빠르게 손상된다는 단점이 있다. 이를 개선하는 방법은 꾸준히 연구 중이다.

감: CLT의 수요는 계속 늘어날 전망이다. 이에 대응해 KLH에서는 어떤 준비를 하고 있나?

후터: 유럽의 CLT 시장은 2020년을 기준으로 그 규모가 125만 m^3에 달한다. 10층 이하의 건축물을 중심으로 건물의 규모가 점차 커지고 있고 특히 주거 공간에 대한 수요가 많다. 하지만 상대적으로 숙련된 작업자가 부족하다 보니 현장에서는 갈수록 시간에 쫓긴다. 앞으로 품질이 잘 관리되는 프리패브리케이션 업체나 제조사의 필요성이 점점 더 커질 것이다. 이에 대응해 제조 공정을 최적화하여 생산성을 높이고 내수성을 비롯한 성능을 개선하는 것에 집중할 계획이다.

KLH
오스트리아를 대표하는 CLT 제조사로, 단순히 자재를 공급하는 역할에 그치지 않고 건축가와 개발사, 시공사의 파트너로 협업한다. 한국에서는 목조건축 자재를 유통하는 린우드를 통해 이곳의 제품을 만나볼 수 있다.
www.klh.at

도시 속으로
들어온 목조건축

국립산림과학원은 국내의 구조용 직교집성판(이하 CLT) 제조 기술 개발을 주도하고 있다. 2015년부터 국산화를 위한 연구를 수행해 왔고 2019년에는 지금까지의 성과를 실증하는 작업으로 한그린 목조관을 시공하기도 했다. 국립산림과학원에서 CLT 연구를 총괄하는 심국보 과장을 만나 그간의 성과와 앞으로의 연구 방향을 살펴보았다.

-
인터뷰 정경화
인터뷰이 **국립산림과학원 목재공학연구과 심국보 과장**

감씨(감): 최근 해외에서는 CLT로 지은 고층 목조건물이 연이어 들어서고 있다. CLT 건축이 지금처럼 주목받게 된 배경이 궁금하다.
심국보(심): 가장 큰 계기는 탄소중립이다. 산업혁명 이후 우리는 끊임없이 이산화탄소를 방출하고 있는데, 지구상에서 이를 흡수할 수 있는 것은 나무와 바다가 유일하다. 나무는 광합성을 통해 대기 중의 탄소를 흡수하고, 죽어서 썩거나 불에 타면 이를 다시 배출한다. 그렇다면 이 나무로 집을 지으면 어떨까? 건축물이 지속하는 동안은 탄소를 저장한 상태를 유지하기에 그만큼 탄소배출 시기가 늦춰진다. 그리고 벌목한 땅에 어린 나무를 심으면 더 많은 양의 탄소를 흡수하게 된다. 이렇게 배출을 늦추고 흡수는 늘리는 방법으로 탄소중립에 가까워질 수 있다. 이것이 나무를 많이 이용해야 하는 이유다. 여기서 핵심은 벌채한 목재를 가능한 한 오래 쓰는 것이다.

　나무 한 그루를 벌채하면 총 80% 정도를 사용한다. 그 용도를 살펴보면, 30%는 건축재, 50%는 종이나 보드의 원료, 나머지 20%는 연료로 쓰인다. 연료로 이용하는 것은 화석연료를 대체한다는 점에서 의의가 있지만 바로 연소시켜 탄소로 되돌리는 방식이라 단기적 순환에 가깝다. 반면 건축재로 사용하면 건축물을 철거할 때까지 훨씬 오랫동안 탄소를 저장한 상태를 지속할 수 있다.

　이러한 효과가 알려지면서 목재를 건축재로 활용하려는 시도가 생겨났다. 목재를 많이 쓰려면 목조건물이 도심에 주거 공간으로 자리 잡아야 한다. 그러려면 고층 건물을 지을 수 있어야 하는데, 이를 실현하는 것이 바로 CLT다.

감: 그간 다른 공학목재로는 고층 건물을 지을 수 없었는데, CLT는 왜 가능한 건가?
심: CLT 구조는 면재인 CLT를 이용해 벽과 바닥을 세운다. 쉽게 말해 목재로 아파트를 짓는다고 이해하면 된다. 이러한 벽식 구조는 기둥-보 구조에 비해 수평 하중에 저항하는 성능이 뛰어나 고층 건물을 짓기에 적합하다.

　또한 목조건물에서 사람들이 가장 걱정하는 문제인 화재에 강하다. 건축물은 불이 났을 때 대피할 시간을 벌어 주어야 하고, 이를 내화 시간이라 부른다. 목조건축에서는 부재가 두껍고 클수록 내화 시간이 길어진다. 성냥개비는 잘 타지만 두꺼운 통나무에는 불이 잘 붙지 않는 것과 같은 원리다. CLT 구조는 목재를 쌓아서 만든 CLT가 벽과 바닥을 전부 채우기 때문에 내화 시간이 훨씬 길고 그만큼 안전하다.

감: 이 밖에 CLT 건축의 장점을 더 소개한다면?
심: 영국에는 목재 자원이 거의 없음에도 CLT 구조로 지은 건물이 런던에만 100채가 넘는다. 그 배경에는 저렴한 비용, 그리고 복잡한 도심에서 공사하기에 유리하다는 점이 크게 작용했다. 콘크리트 구조는 믹서트럭으로 레미콘을 운반하고 관을 끌어올려 타설하는 등 시공을 위해 넓은 공간이 필요하다. 그래서 현장 주변을 더 먼 곳까지 정리해야 하고, 공사하는 동안 발생하는 소음이나 먼지도 많다. 양생하는 시간까지 고려하면 공사 기간도 훨씬 길다. 반면, CLT는 현장 작업이 적어 시공 기간이 짧고 분진이나 소음이 거의 발생하지 않는다. 게다가 무게가 가벼워 기초 공사가 간편하고 구조체이면서 실내 마감재의 역할까지 함께 수행할 수 있어 비용이나 시공 면에서 훨씬 효율적이다.

감: 국립산림과학원에서는 어떤 계기로 연구를 시작하게 됐나?
심: 국립산림과학원의 주요한 과제는 국산 목재를 사용하는 것이다. 현재 우리나라의 산림에는 건축재로 쓰기에 가장 좋은 40~50년 된 나무가 많은데, 국산 목재를 쓰는 비율은 15.9%에 불과하다. 이 목재를 건축재로 활용하는 방법을 모색하다 아파트나 고층 건물, 도심의 주거 공간을 지을 수 있는 CLT 구조를 발견했고 본격적으로 연구를 시작하게 됐다.

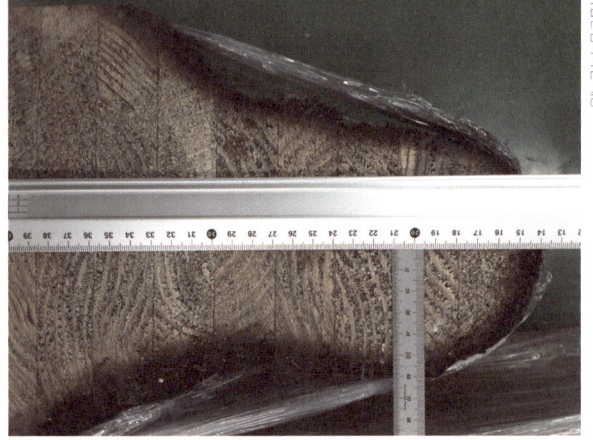

1, 2 CLT의 내화 성능을 시험하는 사진. 겉이 타면서 생기는 탄화층을 두껍게 만들어 내화 시간을 확보한다.
3 전단 시험을 거친 CLT 샘플들. 층재 사이의 접착 부위가 깨지지 않는지를 우선으로 확인한다.
4 목재 복합 패널인 SIP의 전단 성능을 시험하는 모습. 지진이 났을 때처럼 수평으로 반복적인 하중을 부여하는 방식으로 전단력을 테스트한다.

4

감: 그간의 성과가 궁금하다.
심: 우선 국산 목재로 CLT를 제작해 성능을 확인하고, 그 결과값을 바탕으로 원하는 품질을 내는 제조 조건을 결정했다. CLT는 면재이기 때문에 넓은 면에 일정한 압력을 가해 균일하게 접착하는 것이 중요하다. 테스트를 거쳐 현재 낙엽송Wc02은 1cm² 당 10kg, 소나무Wc01는 8kg의 압력으로 접착한다.
　제조 조건을 확립한 후에는 시공 단계에서의 문제를 해결해 나갔다. 시공의 핵심은 접합이다. 벽식 구조는 기둥-보 구조에 비해 접합 부위가 많다. 게다가 CLT는 기본 규격이 최대 2.4×20m에 달할 정도로 크기가 매우 크지만, 국내에서 제작 가능한 규격은 최대 1.2×5m에 불과하다. 그래서 여러 부재를 연결해 벽과 바닥을 만든다. 우리는 짜맞춤이나 하드웨어 등 다양한 접합법을 검토하며 접합 부위에서 하중을 더 효과적으로 지지하는 방법을 찾고 있다.

감: 그동안의 연구를 확인하는 작업으로 경상북도 영주에 한그린 목조관을 지었다.
심: 한그린 목조관은 기둥-보 구조와 CLT를 이용한 벽식 구조를 혼합해 지어졌다. 이 프로젝트의 목표는 CLT 구조로 건축법에서 정한 목조건축물의 높이 제한인 18m를 달성하고 두 시간의 내화 성능이 가능함을 보여주는 것이었다. 건축사사무소 아이디에스에서 설계를, 경민산업에서 시공을 맡았고, 우리는 기술적인 문제를 보완하고 구조설계를 위해 필요한 성능이나 자재의 물성에 대한 근거 자료를 직접 실험하여 제공했다.
　현재는 한그린 목조관에 국립산림과학원 약용자원연구소의 연구원들이 직접 거주하면서 불편하거나 문제가 없는지를 꾸준히 모니터링하는 중이다. 아직 목조건축을 고층으로, 또 공동주택으로 지은 사례가 많지 않기에 더 유심히 지켜보고 있다.

한그린 목조관의 실내 전경.

감: 이곳에는 국산 낙엽송으로 만든 CLT를 사용했다. 수입산 목재로 제작한 것과 품질에 차이가 있나?

심: 국내에서는 밀도가 0.5 이상으로 제일 단단한 낙엽송을 가장 많이 쓰고 이 밖에 소나무, 삼나무Wc05, 잣나무Wc09를 재료로 사용한다. 나무 자체의 물성에는 큰 차이가 없다. 수입 목재와 비교하면 낙엽송은 홍송(Douglas fir, 더글라스 퍼)Wfu02과, 소나무는 북미의 SPF(Spruce 가문비나무, Pine 소나무, Fir 전나무)와 물성이 비슷하다. 품질이 비슷하다면 산지에서 공장까지의 이동거리가 짧아 탄소를 적게 배출하는 국산 목재가 더 유리하다.

감: CLT를 더 잘 활용하기 위해 해결해야 하는 점은 어떤 것이 있나?

심: 바닥재로 사용하기 위해서는 차음 성능, 특히 사람이 걷거나 뛸 때 발생하는 중량 충격음을 해결해야 한다. 일반적으로는 재료 자체의 무게를 이용해 소음을 줄이는데 목재는 워낙 가볍다 보니 새로운 방법이 필요하다. 다른 재료를 더해 무게를 늘리거나 바닥 구조체와 아래쪽 벽체 사이에 간격을 주어 충격을 줄이는 방법 등을 시도해 보고 있다.

감: 높은 제조 비용은 CLT의 사용을 꺼리게 만드는 이유 중 하나다.

심: 우리나라는 목재 자체가 비싸고 CLT가 보편적이지 않아 가격이 높지만, 유럽에서는 저렴하다. 한국에서의 제조 비용이 1m³ 당 350만 원이라면 유럽에서는 80만 원 정도로 네 배 이상 저렴하다. 공공건축을 추진하고 산업의 기반을 마련하려는 것은 이 격차를 빠르게 줄여 나가기 위함이다. 양산 체계가 자리 잡는다면 조건이 더 유리해질 것이다.

감: 앞으로의 연구 방향은?

심: 고층 건물일수록 수분의 유동이나 하중에 의한 장기처짐이 많이 발생한다. 또한 부재의 크기가 커질수록 내진성이 중요하기 때문에 지진의 충격을 감쇄하는 기술이나 접합부의 전단 성능을 높이는 방법을 찾고 있다. 이 밖에도 CLT를 고층 건물에 적용하기 위해 개선해야 하는 부분을 계속 찾고 연구하는 중이다.

개발한 자재를 잘 활용하는 것도 중요한 문제다. 다음 프로젝트로 시내에 짓는 공동주택을 논의하고 있다. 아파트의 증축에 CLT 구조를 접목하는 방식도 고려 중이다.

심국보(국립산림과학원 목재공학연구과 과장)
서울대학교 임산가공학과에서 학사와 석사, 박사 학위를 취득했다. 1997년부터 국립산림과학원에서 재직했고 2018년부터는 목조건축연구과장, 목재공학연구과장을 맡고 있다. 한국형 목조건축 연구(2004), 구조용 공학목재 연구(2020) 등을 수행했으며, 세계목조건축대회(2018) 개최 등 우리나라 목조건축의 활성화와 세계화를 위해 노력하고 있다.

Interview

협업과 조율로 쌓아 올린 공간

건축사사무소 아이디에스
배기철, 이도형 공동대표

국산 낙엽송으로 지은 최초의 CLT 건축, 목조건축의 높이 제한이었던 18m를 넘은 첫 번째 건물, 두 시간의 내화구조를 처음으로 달성한 목조 건축물…. 한그린 목조관에는 유독 '처음'이라는 수식어가 많다. 설계를 맡은 건축사사무소 아이디에스의 배기철, 이도형 공동대표는 "CLT를 다루는 일은 건축가와 시공사, 건축주 모두가 처음이었기에 늘 긴밀하게 협업하며 마치 한 팀처럼 움직였다"며 당시의 과정을 회상한다. 그들이 들려준 한그린 목조관 건축기를 소개한다.

-
인터뷰 정신오, 정경화
사진 박영채

한그린 목조관의 단면도

1 실험실
2 사랑방카페
3 어린이 돌봄센터
4 라운지
5 공유마당
6 창고
7 기계실

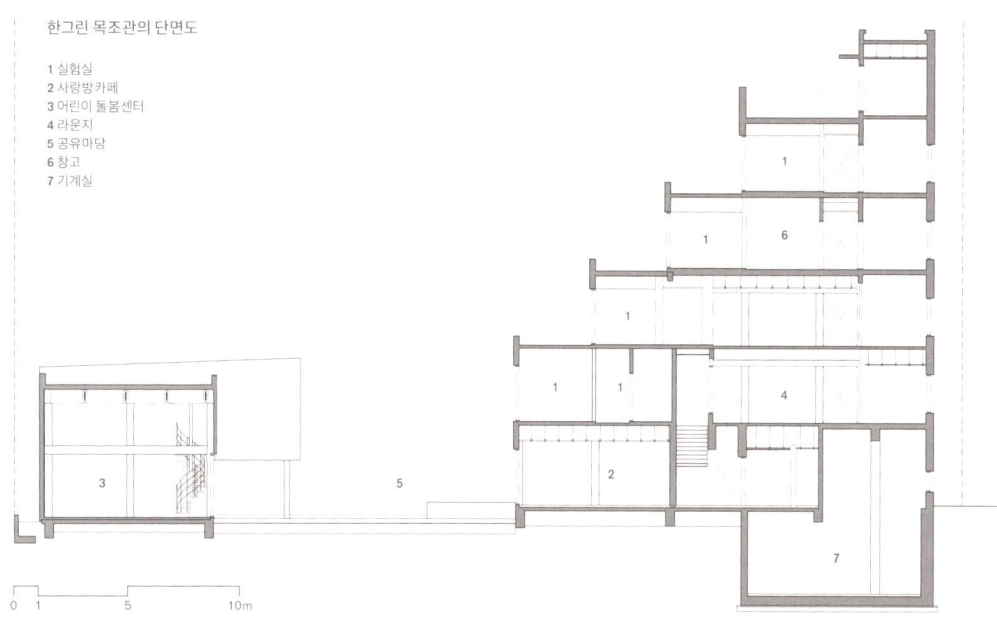

감씨(감): 한그린 목조관은 그간 지어진 국내의 목조건축 중 많은 성과를 이룬 작품으로 손꼽힌다. 프로젝트를 기획하게 된 과정이 궁금하다.
-

이도형(이): 한그린 목조관 프로젝트에는 여러 가지 목표가 있었다. 첫 번째는 구조용 직교 집성판(이하 CLT)을 사용해 건축물을 짓는 것이었다. 목조건축이 도시에 자리 잡기 위해서는 안전한 재료로 얼마나 높게 지을 수 있느냐가 관건이라고 생각한다. 그러려면 우선 그에 맞는 성능을 갖춘 자재를 써야 하는데, 지금까지 개발된 공학목재 중에서는 구조용 집성재(이하 GLT)와 CLT가 가장 적합하다. 이 프로젝트는 그중 CLT를 주로 사용하여 고층 목조건축물을 짓겠다는 국립산림과학원의 목표를 향한 첫걸음이었다.

두 번째 목표는 목조건축의 높이 제한인 18m를 넘는 것이었다. 당시만 해도 목조건축물은 4층 또는 18m를 넘을 수 없었다. 예외적으로 학술 조사나 연구를 하는 경우에만 별도의 심의를 거쳐 높이 기준을 일부 완화받을 수 있었다. 한그린 목조관은 이 규정을 적용받아 5층 규모, 19.1m의 높이로 지어졌다. 원래는 20m를 넘기고 싶었지만 1m라도 선례를 남기는 것에 의의를 두었다. 지금은 높이 제한 규정이 사라졌는데, 이 작업이 기폭제 역할을 했을 거라고 생각한다. (웃음) 세 번째는 두 시간 이상 버티는 내화구조다. 5층으로 짓는 경우에는 법적으로 이 기준을 달성해야 했다. 우리는 여러 실험을 거쳐 두 시간의 내화구조를 적용한 목재를 사용했다.

감: 국내에 CLT 건물을 지은 사례가 거의 없다 보니 설계 외에도 많은 업무를 담당했을 것 같다.
-

이: 설계를 담당하면서 모든 과정을 조율하는 역할을 함께 수행했다. 해외 사례를 바탕으로 구조사와 협의해 도면을 작성하면, CLT 제조사에서 목업을 제작하고 국립산림과학원에서 성능을 실험했다.

배기철(배): CLT의 설계나 제작만이 아니라 시공이나 감리도 모두 처음이었다. 우리 또한 전문가라고 말하기에는 미흡한 수준이었지만, 달리 조율할 사람이 없었다. 처음에는 모르는 게 너무 많아서 수많은 해외 사례를 조사하고 CLT와 하드웨어 제조사에도 여러 번 문의를 해야 했다. 조금씩 익숙해지다 보니 나중에는 역으로 문의를 받는 상황도 생겼다.

감: 철근콘크리트 구조와 CLT 구조, GLT를 이용한 기둥-보 구조까지 다양한 구조를 적용했다. 이렇게 여러 구조를 적용한 것에 특별한 이유가 있나?
-

배: 목구조에 대한 몇 가지 편견이 있다. 이를테면 '경사 지붕을 쓰면 안 된다'거나 '테라스를 만들면 누수 때문에 관리가 어렵다' 같은 것들이다. 이번 작업을 통해 이러한 편견을 깨고 싶었다. 그래서 GLT와 CLT 구조를 함께 사용해 다양한 형태를 구현하고 테라스도 일부러 더 많이 만들었다. 바닥 경사도를 잡으면서 물처리를 해결하느라 애를 좀 먹었지만. (웃음)

한그린 목조관
-
설계: ㈜건축사사무소 아이디에스 **설계 담당**: 윤성현, 김성하, 명민수 **시공**: 경민산업㈜ ㈜토담종합건설 **위치**: 경상북도 영주시 대학로 231 **연면적**: 1,233m² **규모**: 지상 5층, 지하 1층 **구조**: 목구조, 철근콘크리트 구조 **완공**: 2019년 4월

사용한 목재
수종: 국산 낙엽송 A군(KS 제품, 2시간 내화)
규격: GLT-기둥: 단면 240×240~330×330mm, 보: 단면 160×210~240×420mm
CLT-벽체: 90mm, 180mm, 바닥: 150mm **가공**: 5축 CNC 기계 **제조사**: 경민산업㈜

CLT 외벽 단면 상세도 1
(12mm FCT 패널 + 20mm 목재 패널)

1 12mm FCT 패널
2 100mm 외단열용 유리섬유 단열재(48K)
3 3PLY CLT(90mm)
4 5PLY CLT(150mm)
5 11.1mm OSB 구조용 합판
6 높이 1100mm EPDM 벽체방수
7 30mm 시멘트 모르타르
8 우레탄 옥상방수(지정색 3회 도장)
9 38×38×1.6mm 스테인리스 스틸 ㅁ자형 파이프
10 M12×100LG 익스팬션 앵커
11 FLEXI 밴드
12 소음방지제 Xylohon
13 20mm 목재 패널

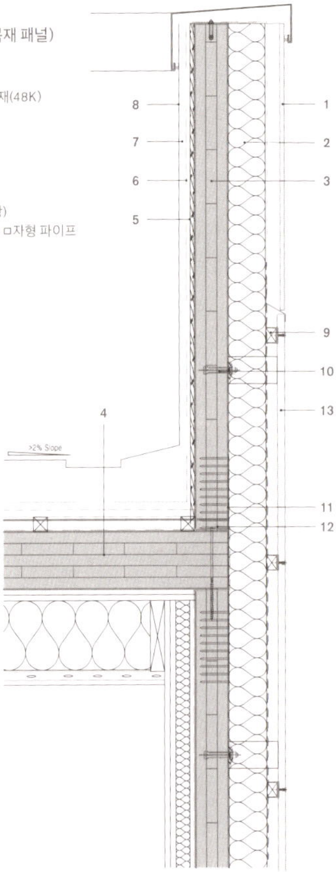

CLT 외벽 단면 상세도 2
(12mm FCT 패널 + 창호)

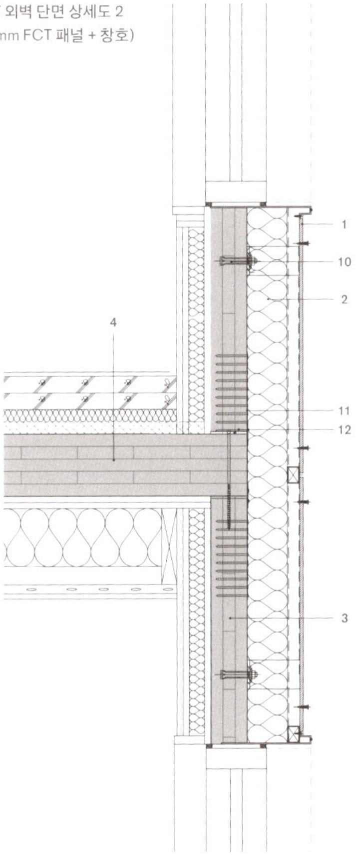

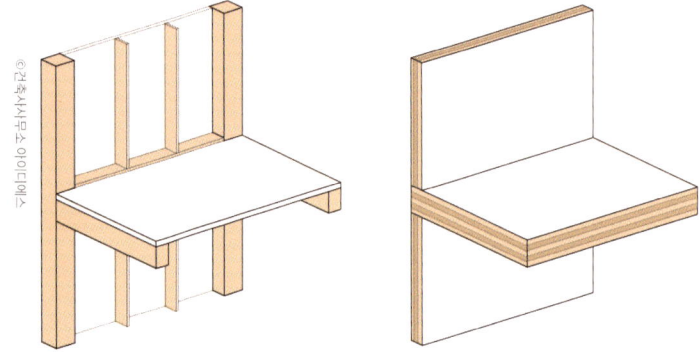

(왼쪽부터) GLT를 이용한 기둥-보 구조와 CLT 구조의 구성도.

감: 구체적으로 어느 공간에 어떤 구조를 적용했나?
-

이: 원래는 지하층과 코어를 제외하고는 대부분 CLT를 쓰고 싶었다. 그러나 비용이 너무 많이 들어 목구조의 20% 정도에만 사용했다. 한그린 목조관은 크게 네 개의 공간으로 나뉘는데, 세 곳은 GLT를 이용한 기둥-보 구조로 짓고 나머지 한 곳에는 CLT를 적용했다. 이 공간은 바닥과 벽, 지붕까지 모든 구조체가 CLT다.

감: CLT와 GLT는 어떻게 다른가? 각각의 장단점을 비교해 달라.
-

이: CLT 구조의 장점은 견고함과 높은 시공 효율이다. 벽식 구조라 수평 하중에 저항하는 힘이 강하고 공장에서 완제품에 가까운 형태로 제작해 오기에 하자 없이 빠르게 시공할 수 있다. 또한 공사할 때 발생하는 소음이나 먼지가 적어 특히 도심에 건물을 지을 때 유리하다. 단점은 비싼 가격이다. 자재 자체의 비용이 높고 구조체를 모두 목재로 채우다 보니 물량도 많다. 그래서 공사비를 줄여야 할 때 1순위로 제외되는 것이 CLT다. 또 벽식 구조라 많이 쓰면 공간이 단순해진다. 공동주택이나 모듈러 주택처럼 일정한 유닛이 반복되는 공간에 적용하는 것이 좋다.

배: GLT는 기둥-보 구조라 CLT보다 구획이 훨씬 자유롭다. 그러나 벽체를 세우려면 경골목구조 공사를 추가로 해야 하기 때문에 공사 기간이 길고 정밀도가 떨어진다. CLT는 구조적인 완성도를 높이는 역할을, GLT는 공간을 한층 유연하게 만드는 역할을 담당한다고 보면 된다. 두 가지를 적절히 조합하면 각각의 장점을 고루 살린 공간을 만들 수 있다.

감: 서로 다른 구조가 만나는 부위는 어떻게 시공하나?
-

이: 기본적으로 목재는 대부분 철물로 연결한다. 여기에서는 다른 구조 재료와 만나는 부위에도 철물을 썼다. 목조 간의 연결 부위에는 이탈리아의 목조 하드웨어 브랜드인 로쏘블라스(『GARM 16 건축 하드웨어』 참고)의 제품을 주로 사용했다. 철근콘크리트와 목재가 만나는 경우에는 적합한 기성 제품이 없어 하드웨어를 따로 설계하여 시공했다. 이렇게 직접 제작해야 하는 철물이 많아지면 설계 기간이 늘어난다. 또 적용한 사례가 없다 보니 구조적 성능을 검토하기가 더 어렵다. 검증된 기성 제품을 쓰는 것이 안전한 방법이다.

감: 철물을 설치하기 전에는 어떤 작업이 선행되나?
-

배: GLT 구조일 때와 CLT 구조일 때가 서로 다르다. 정확하게는 콘크리트 바닥 위에 무엇을 설치하느냐의 차이인데, GLT 구조는 콘크리트 바닥 위에 기둥을 세운다. 이때에는 콘크리트를 타설하기 전에 베이스 플레이트 철물을 심어야 한다. 콘크리트를 붓고 경화까지 마치면 기둥을 세우고 설치해 둔 철물과 연결해 고정한다. 콘크리트 공사가 끝난 후에 앵커볼트를 설치하는 방법도 있지만 미리 철물을 심어 두는 것이 더 안정적이다.

이: CLT는 콘크리트 바닥에 미리 철물을 매입하지 않아도 된다. 그러나 바닥의 높이가 다르면 벽체가 기울어질 수 있어 바닥의 평활도를 세심하게 확인해야 한다.

한그린 목조관에는 총 191m³의 목재를 사용했고, 그중 57%인 109m³에 강원도 일대에서 벌목한 45~50년생 낙엽송을 썼다.

감: 두 시간을 버티는 내화구조는 어떻게 이루었나?
-

이: 내화 성능은 목재를 가리는 밀봉 또는 드러내는 노출, 이렇게 두 가지 방법으로 구현한다. 밀봉은 목재에 불이 붙지 않도록 방화 석고보드를 두세 겹 감싸는 방식이다. 공사비가 적게 들지만 목재가 보이지 않아 우리나라에서는 그다지 선호하지 않는다.

노출은 두께를 두껍게 하는 방법이다. 목재는 불이 붙으면 스스로를 보호하기 위해 탄화층을 만드는데, 이 탄화층을 두껍게 만들어 구조부를 남기는 원리다. 이 경우 불에 타고 남은 부분만으로도 구조재로서의 역할을 수행해야 하기 때문에 부재의 두께가 많이 두꺼워진다. 예를 들어 평소에는 90mm의 두께로 충분하더라도 두 시간의 내화 성능을 만족하려면 그 두 배가 필요하다. 그러면 공사비도 두 배가 된다. 그럼에도 국내에서는 목재가 드러나는 것을 선호하다 보니 주로 이 방법을 택한다.

감: 구체적으로 어떤 방법을 썼나?
-

이: 밀봉 방법은 두께가 90mm인 CLT에 15mm인 석고보드를 세 겹 덧붙였다. 이렇게 하면 총 두께가 135mm 정도로 목재를 노출할 때보다 부재가 얇고, 자재도 훨씬 적게 사용한다. 노출 부위는 두께가 30mm인 층재를 일곱 겹 접착한 CLT를 써서 두 시간의 내화 인증을 받았다. 당시 내화 시험 현장에서 목재가 두 시간 넘게 테스트를 견디는 것을 보고 그곳에 있던 모두가 놀랐다. 원래 한 곳에만 노출 방법을 쓰려 했는데, 시험 비용을 많이 들인 것이 아쉬워 두 곳에 적용했다. (웃음)

감: 목조건축에 주목하는 큰 이유는 친환경이다. 한그린 목조관을 목조로 지음으로써 얻은 탄소절감 효과는 얼마나 되는가?
-

이: 한그린 목조관에는 총 191m³의 목재를 사용했다. 목재제품 탄소저장량 표시제도[1]에서 산정한 제재목의 탄소저장량을 기준으로 이 물량의 탄소 절감효과를 환산하면 약 156tCO₂-eq[2]이다. 이는 1ha 면적의 30년생 소나무숲이 15년 동안 흡수하는 양에 달한다.

감: CLT를 시도하려는 건축가에게 전하는 조언이 있다면?
-

이: '나무는 무조건 좋다'거나 'CLT만이 해결책'이라는 인식에서 벗어났으면 한다. 전부 목재만 사용한 건축은 매력이 없다. 오히려 다른 재료와 함께 사용할 때 장점이 돋보인다. 한그린 목조관 역시 코어를 콘크리트로 시공해 기간을 훨씬 줄일 수 있었다. CLT에만 몰입하지 말고 유연하게 조율하는 힘을 키우면 좋겠다.

1) 목재제품 탄소저장량 표시제도:「목재의 지속가능한 이용에 관한 법률 시행령」제14조에서 규정한 목재제품 15종의 탄소저장량을 표기하는 제도다. 탄소저장량은 각 목재제품에 저장된 탄소의 양을 이산화탄소로 변환하고, 대상 제품을 제조하는 과정에서 발생하는 온실가스의 양을 차감하여 산정한다.

2) 이산화탄소상당량톤(tCO₂-eq): 이산화탄소 1t 또는 지구온난화에 미치는 영향이 이산화탄소 1t에 상당하는 기타 온실가스의 양을 뜻한다.

건축사사무소 아이디에스
㈜건축사사무소 아이디에스 Innovative Design Studio는 자유로운 상상력을 바탕으로 독창적이고 혁신적인 디자인에 집중한다. 건축재료와 구축의 관계성, 특히 현대적 감각을 지닌 목재의 가능성을 탐구하며 지속 가능한 도시와 건축을 위한 디자인 작업을 하고 있다.
www.idsgrape.com

3

APPLICATION
OF WOOD
ARCHITECTURE

Technology

구축 방법의 진화, 디지털 패브리케이션

산업혁명으로 기계가 도입되면서 일일이 손으로 만들던 생산방식이 자동화 시스템으로 변모했다. 건축자재 또한 마찬가지로 디지털 패브리케이션Digital Fabrication을 접목하면서 기계로 대부분의 공정을 통제할 수 있게 되었다. 이러한 변화는 목조건축에서 특히 두드러진다. 디지털 패브리케이션의 정의와 종류를 살펴보고, 목조건축에 적용하는 방법에 대해 알아보자.

-
글 정신오

디지털 패브리케이션 이해하기

디지털 패브리케이션은 디지털 프로그램을 이용해 제작하는 기술이다. 디자인부터 생산까지 부재를 만드는 모든 과정에서 활용하며 특히 가공 공정에서 자주 쓰인다. 관련된 기술로는 워터젯, 샌드블라스트, 벤딩 등이 있고, 그중에서도 열을 가해 부재를 재단하는 레이저 커팅과 톱날이 회전하면서 부재를 자르는 CNC 라우터 가공, 그리고 원료를 켜켜이 쌓아서 형태를 만드는 3D프린팅을 많이 이용한다.

 디지털 패브리케이션을 건축에 처음 적용한 때는 1990년대로, 건축가 프랭크 게리Frank Gehry가 복잡한 형상을 구현하기 위해 도입했다. 그는 알고리즘을 이용해 비정형의 건축물에 규칙성을 더하는 파라메트릭 디자인을 선보였고, 자동차나 항공기를 설계하기 위해 개발된 3차원 컴퓨터 지원 설계 프로그램, CATIA Computer Aided Three-Dimensional Interactive Application를 건축에 적용했다. 빌바오 구겐하임 뮤지엄Guggenheim Museum Bilbao은 이러한 과정을 거쳐 탄생한 최초의 건축물이다. 배의 모습을 연상케 하는 거대한 형상은 4만 2,875개의 티타늄 패널로 덮여 있다. 건축가는 CATIA 프로그램을 이용해 23,530m²에 달하는 입면의 80%를 네 가지 모듈로 구분하고, CNC로 각 부재를 재단했다. 이후 프랭크 게리는 같은 방식으로 월트 디즈니 콘서트홀Walt Disney Concert Hall, 루이비통 재단Foundation Louis Vuitton 등을 디자인하며 디지털 패브리케이션의 가능성을 증명했다. 현재는 많은 건축가가 디지털 패브리케이션을 활용한다. 적용 재료 역시 티타늄이나 철재 같은 금속부터 플라스틱, 목재까지 다양해졌다.

목조건축을 쉽고 빠르게 구축하는 디지털 패브리케이션 기술

목재는 틀에 부어서 모양을 만드는 콘크리트나 녹이고 굳히는 것이 가능한 금속에 비하면 구현할 수 있는 형태가 한정적이다. 디지털 패브리케이션은 이러한 목재의 한계를 허물었다. 이제는 목재로도 복잡한 비정형을 만들 수 있다.

공간을 섬세하게 구축하다
프리패브리케이션
공장에서 부재를 제작하고 현장에서 조립해 건물을 완성하는 건식 공법이다. 도로가 협소하고 주변 대지를 이용하기 어려운 도심에서 효율적이다. 프리패브리케이션은 조립 정도에 따라 프리컷과 패널라이징, 모듈 구조로 구분한다.

프리컷Pre-cut

공장에서 부재를 재단하고 현장에서 조립하는 방식이다. 처음 기계로 부재를 제작한 때는 1970년대로 일본에서 지붕을 지지하는 서까래를 만든 것이 시초다. 그로부터 20년이 지난 1990년대에 캐드Computer Aided Design와 캠Computer Aided Manufacturing 프로그램이 등장하면서 수치제어 프로그램을 활용하기 시작했다. 현재는 기둥이나 보 같은 구조재부터 벽이나 바닥에 덧붙이는 합판까지 다양한 부재를 가공하는데 쓰인다.

 CNC 라우터는 프리컷을 구현하는 대표 기술로, 설비에 도면을 입력하면 프로그램이 이를 인식해서 형상을 구현한다. 짜맞춤 부재의 결구부를 가공하거나 하드웨어를 설치할 위치에 맞춰 구멍을 타공하는 것 역시 CNC 라우터를 이용하면 비교적 쉽게 만들 수 있다.

빌바오 구겐하임 미술관 전경. 배 형상을 구현하는 과정에서 3차원 컴퓨터 지원 설계 프로그램인 CATIA를 도입했다.

세비야 광장에 설치된 목재 파빌리온, 메트로 파라솔. X, Y축 방향으로 1.5m마다 단면을 구분해 부재를 만들고 이를 조합해 나무의 형상을 구현했다.

패널라이징 Panelizing

공장에서 프리컷 부재를 조립해 패널 형태까지 만들고 현장으로 운반해 설치하는 방식이다. 일반적으로 패널라이징 부재는 바로 벽체나 바닥이 될 수 있는 상태로 제작한다. 그래서 사전 시뮬레이션을 통해 필요한 자재의 크기와 수량을 결정하고, 조립 단계에서 기밀이나 방수를 위한 설비, 장치 등을 추가로 설치한다.

모듈 구조 Module structure

공장에서 공간 형태의 유닛을 만들고 현장에서 설치하는 방식을 의미한다. 지금까지는 컨테이너나 철제 모듈이 보편적이었지만 건축에서도 친환경의 중요성이 강조되면서 목재를 활용한 모듈이 등장했다. 그중 눈에 띄는 점은 디지털 패브리케이션을 활용한 조립 방식이다. 취리히 연방 공과대학교 ETH Zurich 건축학과 교수인 마티아스 콜러 Matthias Kohler는 로봇에 부재의 형태와 크기, 위치, 조립 순서 등의 정보를 입력하면 자동으로 가공하고, 정해진 위치에 배치하는 기술을 개발했다. 이 방식을 이용하면 못이나 볼트로 부재를 조립하기만 하면 돼 현장에서의 작업을 더욱 줄일 수 있다.

다양한 형상을 구현하다
3D 프린팅
3D 프린팅은 작은 원료를 겹겹이 쌓아서 3차원의 형상을 만드는 공법이다. 원료에 따라 크게 FDM과 SLA, SLS, SLA&DLP, 그리고 폴리젯의 네 가지로 종류를 구분한다. FDM$^{Fused\ Deposition\ Modeling}$은 실타래처럼 얇게 가공한 원료를 한 줄씩 쌓는 방식으로 국내에서 가장 활발하게 쓰인다. SLS$^{Selective\ Laser\ Sintering}$는 분말 형태의 재료를 분사해서 굳히는 방식으로, 전자와 비교해 상대적으로 활용도가 낮다. 이 밖에 액체 상태의 원료에 레이저를 쏘는 SLA&DLP$^{Stereo\ Lithography\ Apparatus\ \&\ Digital\ Light\ Processing}$ 그리고 재료에 접착제를 뿌리고 잉크를 분사해 색을 입히는 폴리젯$^{Photopolymer\ Jetting}$ 방식이 있다.

지금까지 3D 프린팅의 주원료는 플라스틱이었으나 최근에는 자연에서 구할 수 있는 재료도 시도되고 있다. 그중 목재는 벌목 과정에서 발생한 자투리나 쓰임을 다한 폐자재를 재활용하는 방향으로 발전하는 중이다. 2018년 미국 미시간 공과대학교 연구팀은 가구를 만드는 과정에서 발생한 폐목재를 80μm보다 작은 섬유 형태로 분해하고, 생분해성 플라스틱인 PLA를 섞은 뒤 냉각, 압출하여 직경이 1.65mm로 얇은 실타래 형태의 필라멘트를 만들었다. 이는 시중에 판매되는 직경이 1.75mm인 플라스틱 필라멘트보다 얇은 크기로, 더 섬세한 표현을 할 수 있다. 또 별도의 과정을 거치지 않고도 기존의 기계에 호환이 가능하다. 그러나 목섬유 함유량이 많을수록 노즐이 막히기 쉬워 반드시 PLA를 20~40% 함께 사용해야 한다.

오랫동안 목재 3D 프린팅을 연구해 온 미국 기업 포러스트^{Forust}는 톱밥을 곱게 분쇄하고, 리그닌이 포함된 무독성 에폭시로 접착하여 그릇이나 트레이, 가구 등을 만든다. 포러스트의 모기업 데스크톱 메탈$^{Desktop\ Metal}$의 대표 릭 풀롭$^{Ric\ Fulop}$은 "우리의 작업은 해체된 나무를 다시 맞추는 것과 같다"고 소개한다. 그의 말처럼 분말 형태로 잘게 분쇄한 목재는 3D 프린팅 과정을 거쳐 새로운 모습으로 재탄생한다. 기존에는 구현하기 어려웠던 자유로운 형상을 제작하고 표면에 목재의 결을 재현하는 것도 가능하다. 게다가 폐목재나 자투리를 활용하여 벌목량을 줄일 수 있어 환경 측면에서도 이롭다. 하지만 제작 가능한 최대 크기가 1,800×900×300mm로 작고, 부재를 만드는 데 시간이 오래 걸려 아직은 제품이나 가구 정도로 적용 범위가 제한적이다. 건축에서 적극적으로 활용되려면 이 부분이 개선되어야 한다.

디지털 패브리케이션의 적용
이제는 다양한 규모와 형태, 용도의 건축물에서 디지털 패브리케이션의 흔적을 찾을 수 있다. 스페인 세비야의 광장에 설치된 파빌리온, 메트로 파라솔$^{Metro\ Parasol}$은 그 사례 중 하나다. 건물을 설계한 독일의 건축가 위르겐 마이어$^{Jürgen\ Mayer\ H.}$는 1.5×1.5m의 정사각형 그리드를 품은 나무 구조물을 구현하는 방법으로 목재가 맞물리게 결속하는 짜맞춤 방식을 선택했다. 엔지니어링을 맡은 에이럽^{Arup} 그룹은 이를 위해 직접 알고리즘을 계획했다. 그 과정을 살펴보면 우선 구조물의 X, Y축 방향으로 1.5m 간격마다 단면을 구분하고, Y축의 단면을 1.5m 간격으로 잘게 쪼갰다. 그 결과 150×75×28m에 달하는 거대한 구조물을 단 3천 4백여 개의 부재로 구현했다. 건축가는 CNC로 각 부재를 재단한 뒤 결구부의 암수를 맞추는 방식으로 결속하고, 볼트와 와이어를 이용해 결합력을 높였다.

디지털 패브리케이션은 단조롭고 딱딱하게 느껴지던 목조건축을 자유롭고 현대적으로 변모시킨다. 또 친환경이 중요해지는 시점에서 현장에서의 작업을 줄여 시공 과정에서 발생하는 환경 부하를 낮춘다. 여전히 일부 공정은 작업자가 직접 관리해야 하지만 이러한 방향으로 끊임없이 변화한다면 도시 한복판에서 콘크리트보다 친환경적이면서 자유로운 형상의 목조건축을 만날 날도 머지않은 듯하다.

Guide

CNC 공법
사용 설명서

CNC 공법을 이용하면 간단한 구조의 가구나 원하는 디자인의 소품을
쉽게 제작할 수 있다. CNC 공법에 쓰이는 자재와 활용 방법, 단계별
주의 사항을 안내한다.

글 정신오
취재 협조 조이우드 양영수 대표

CNC 공법의 정의와 장단점

CNC는 마이크로 프로세서를 내장한 기계 또는 이를 이용해 가공하는 방식을 의미한다. 마이크로 프로세서는 기계의 움직임을 통제하는 장치로, 데이터를 입력하면 CAM이라는 프로그램을 통해 자료를 두 자리 숫자로 이루어진 G코드로 변환하여 기계를 작동시킨다. 건축에서는 이를 이용해 목재나 금속, 플라스틱 등의 재료를 가공한다. 이러한 방식을 CNC 공법이라고 부른다. 이 방법으로 수행할 수 있는 가공은 재단, 각인, 홈파기, 조각 등으로 다양하다. CNC를 이용하면 한 설비에서 쉽게 동작을 바꿀 수 있어 여러 작업을 할 때 효율적이다. 하지만 날의 이동 속도가 느려서 직선 재단 같은 단순한 작업은 오히려 능률이 떨어진다. 주로 일정한 품질로 대량생산하거나 복잡한 형상을 만들 때 사용한다.

CNC 공법의 종류

목재에 자주 쓰이는 CNC 가공으로는 레이저와 라우터가 있다. 레이저는 광원을 이용해 부재를 재단하거나 각인하는 방식으로, 광원의 종류에 따라 광섬유 레이저Fiber Laser와 CO_2 레이저로 세분된다. 전자는 상부에 고정된 광원이 면을 훑으며 가공한다. 먼 거리에서 출력된 빛이 넓은 면적을 빠르게 가공해 대량 생산에 적합하다. 주로 반도체 공장에서 금속에 제품의 번호를 새기는 용도로 쓰인다. 후자는 광원이 움직이면서 부재를 재단하고 각인하는 방식이다. 모든 면을 훑으며 바느질하듯 선을 하나하나 가공하므로 광섬유 레이저보다 시간이 오래 걸린다. 또 가까이서 빛을 쏘기 때문에 끝이 타는 경우가 많다. 그래서 목재에서는 각인용으로 한정되게 사용한다.

    라우터Router는 엔드밀을 이용해 부재를 가공하는 방식이다. 날의 움직임을 통제하는 장치인 제어기의 개수에 따라 3~5축으로 구분한다. 개수가 많을수록 날이 여러 방향으로 움직여 좀더 다양한 형태를 만들어낼 수 있다. 3축은 날이 X, Y, Z축의 세 방향으로 움직이고, 날의 높낮이를 조절해 3차원 작업이 가능하다. 특히 곡면을 비롯한 비정형을 만들 수 있어 건축에서 활발하게 쓰인다. 4축은 날이 세 방향으로 움직이면서 부재가 한 방향으로 회전하도록 움직임을 준다. 그래서 기다란 각재나 기둥처럼 단면이 일정한 부재를 조각하는 경우에 특히 유리하다. 5축은 부재를 X, Y축 두 방향으로 회전시켜 ㄱ자, ㄷ자처럼 각도가 바뀌는 형태의 자재도 위치를 바꾸지 않고 가공할 수 있다. 그러나 입체 가공은 사용하는 경우가 드물어 CNC 업체에서는 대부분 3축까지만 보유하고 있다. 그 이상의 가공을 원한다면 사전에 확인이 필요하다.

CNC 라우터 사용 가이드

Step 1
도면 작업하기

CNC를 의뢰할 때는 캐드나 일러스트레이터, 3D 프로그램을 이용해서 자료를 만든다. 이 과정에서 몇 가지만 신경 쓰면 가공 시간을 크게 줄일 수 있다. 도면을 그릴 때 주의해야 할 점을 안내한다.

1 축척 표시하기

축척은 도면의 가장 기본임에도 많은 이들이 놓치는 부분이다. 도면은 실물 크기로 작성하는 게 아니라면 반드시 축척을 적어야 한다. 그러면 CAM이 자동으로 비율을 인식해 실제 크기에 맞게 작업한다.

2 도면층 구분하기

CAM은 도면층을 기준으로 기계의 동작을 통제한다. 때문에 여러 가공을 할 때에는 그 종류에 따라 도면층을 구분해야 한다. 예를 들어 세 가지 깊이로 홈을 내고 싶다면 세 개의 도면층으로 표현하는 식이다. 그러나 대부분은 단일 도면층으로 의뢰한다. 종류를 구분하지 않으면 작업자가 일일이 도면을 수정하고, 가공 방식을 확인해야 해서 작업 시간이 늘어난다.

3 여유 간격 설정하기

라우터 가공은 날이 회전하면서 작동하기 때문에 가공 과정에서 목재가 흔들린다. 그래서 크기가 큰 부재는 진공 클램프로 고정하고, 작은 부재는 모서리에 테이프를 붙여서 작업한다. 도면을 그릴 때에는 이 면적을 고려해 가장자리에서 최소 15mm 정도 띄우는 것이 좋다.

4 파일 확장자 바꾸지 않기

도면 파일을 다른 확장자로 변환하다 보면 선이 깨지거나 겹치는 현상이 발생한다. 특히 곡선은 직선으로 잘게 쪼개져서 가공 품질이 떨어질 수 있다. 도면은 일러스트레이터나 캐드 등 작업한 파일을 그대로 전달하자.

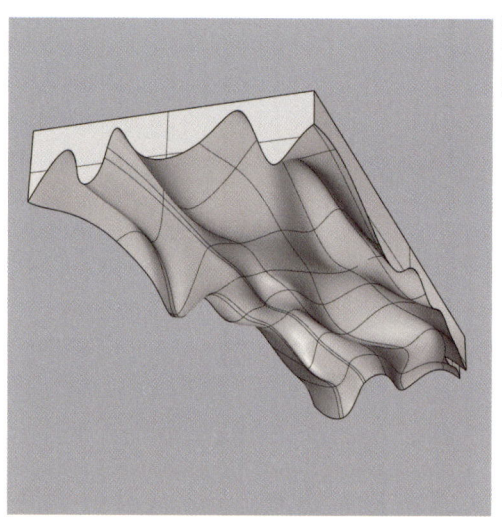

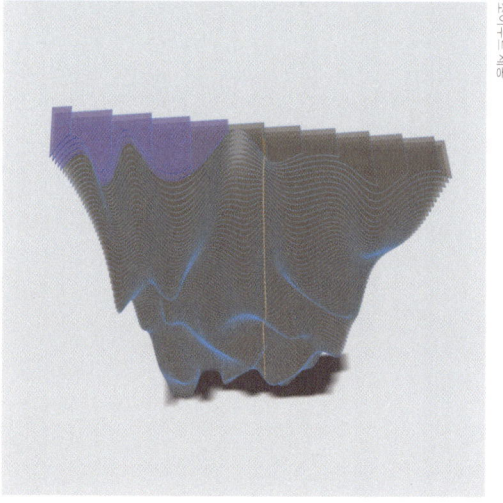

비정형 부재의 경우 3D 자료를 보내면 작업자가 단면을 구분해서 설비에 입력한다.

Step 2
목재 선택

-

국산 목재는 크기가 작고 함수율이 일정하지 않은 편이라 대부분은 수입 목재를 사용한다. 조형물이나 외장재처럼 외부에 노출되는 경우에는 방부목Wen03이나 공학목재를 사용한다. 벽이나 루버 같은 내장재는 특수목, 편백나무Wfi12, 홍송(Douglas fir, 더글라스 퍼)Wfu02처럼 결이 아름다운 수종이 적합하다. 가구재로는 하드우드 계열을 많이 사용하고, 그중에서도 호두나무Wfi06나 벚나무Wfi09처럼 색이 어두운 수종이 인기다. 합판은 천연목보다 결이 흐리지만, 색을 입힐 수 있어 가구재로 자주 쓰인다.

단, 사용하려는 목재가 있다면 업체에 미리 문의하는 것이 좋다. 또 선호하는 무늬가 있거나 옹이가 없는 무절 판재를 사용하고 싶다면 업체에 방문하여 목재의 상태를 확인하거나 직접 재료를 구입하기를 권한다.

Step 3
가공에 적합한 날 고르기

-

라우터 가공할 때 사용하는 날을 엔드밀이라고 한다. 엔드밀은 크기와 모양이 다양해 가공 방식에 적합한 것을 사용해야 한다.

1 정날과 역날 구분하기

엔드밀은 회전 방향에 따라 정날과 역날로 구분한다. 정날은 날이 시계 방향으로 꼬인 것으로, 홈을 파거나 조각할 때 사용한다. 절삭성이 뛰어나고 수명이 긴 것이 특징이다. 그러나 칩을 위로 배출되면서 날의 크기만큼 공간이 생겨 목재가 흔들릴 수 있다. 역날은 반시계 방향으로 꼬인 날이다. 주로 목재를 재단할 때 사용한다. 가공 과정에서 칩이 빠지지 않아 정날을 쓸 때보다 목재가 덜 흔들린다. 그러나 톱밥이 아래로 배출되면서 회전하는 날과 자주 마찰을 일으켜 수명이 짧다.

일반적으로 목재는 업체에서 보유한 것을 사용한다. 선호하는 수종이 있는 경우 목재를 직접 제공하기도 한다.

CNC 라우터 사용 가이드

2 날의 모양 선택하기

<u>구멍 뚫기</u>
가구와 같이 부재를 끼워서 조립할 때 진행하는 가공이다. 원기둥 형태의 스트레이트 밀이나 아랫면이 평평한 플랫 엔드밀, 표면에 사선으로 홈이 난 스파이럴 밀을 사용한다.

<u>모서리 다듬기</u>
끝이 직각인 부재의 단면을 다듬는 가공이다. 날이 V자 모양인 V형 각도날이나 끝이 둥근 볼 엔드밀을 쓴다. 전자는 모서리를 사선으로 다듬을 때 사용하고 30°부터 45°, 60°, 90°까지 날의 각도가 다양하다. 볼 엔드밀은 테이블이나 의자 손잡이처럼 손이 자주 닿는 부위의 모서리를 둥글게 다듬을 때 이용한다.

<u>홈파기</u>
크기가 일정한 홈을 팔 때에는 바닥면이 평평한 스퀘어 밀을 사용한다. 깊이가 깊어질수록 홈이 작아진다면 끝이 뾰족한 V형이나 인그레이빙 엔드밀이 적합하다. V형은 각도가 커서 크게 홈을 파거나 조각물의 윤곽을 잡을 때 사용한다. 인그레이빙은 날의 각도가 30°보다 작아 좀 더 정밀한 작업이 가능하다. 홈이 반구나 곡면인 경우에는 볼 엔드밀이 적합하다.

3 날의 크기 선택하기

일반적으로 날은 부재의 두께와 가공 종류에 따라 크기를 정한다. 커팅할 때는 대개 엔드밀의 길이가 원목 두께보다 긴 것을, 홈을 팔 때에는 그보다 짧은 것을 사용한다. 단, 길이가 길면 마찰열에 의해 날이 부러질 수 있으므로 두꺼운 부재를 가공할 때에는 두세 차례로 나누어 작업한다.

다양한 종류의 엔드밀.
(왼쪽 위부터 시계 방향으로)
도브테일, 양날,
손잡이가공비트, 볼, 크기가
다른 2개의 V형, 볼, 정날,
외날 역, 외날 정엔드밀

Step 4
가공하기
-

적합한 엔드밀을 골랐다면 이제 본격적으로 가공할 차례다. 작업할 때에는 목재의 물성에 맞게 날의 속도를 정하는 것이 중요하다. 속도는 크게 회전 속도(Spindle, 스핀들)와 수직 운동 속도(Plunge, 플런지) 그리고 수평 이동 속도(Feed, 피드) 세 가지로 구분하고, 회전 속도를 기준으로 그에 비례하도록 나머지 값을 설정한다. 그렇지 않으면 날이 겉돌아 재단면이 까맣게 탈 수 있다.

회전 속도는 목재가 무를수록 빠르게 설정한다. 일부 국가에서는 수종에 따라 회전 속도를 정하지만 안타깝게도 국내에는 기준이 표준화되어 있지 않다. 조이우드 양영수 대표는 "물성이 균일한 금속이나 플라스틱과 달리 목재는 수종마다 그 정도가 다르기 때문에 표준을 정하기 어렵다"고 말한다. 목재 CNC의 역사가 짧고, 정보가 체계화되어 있지 않은 점 역시 표준이 부재한 이유다.

Interview

MZ세대의
내 집 짓기

유빌드U-Build는 간단한 공구로 사용자가 직접 골조를 짓는
영국의 집짓기 키트 제품이다. 웹사이트에서 마음에 드는
공간을 골라 주문하면 블록과 조립 도구, 도면과 시공 가이드가
담긴 꾸러미가 당신의 집 앞에 도착한다. 이제 주어진 블록
모듈을 망치와 드릴로 조립하면 골조가 뚝딱 완성된다.
프리패브리케이션과 목재, 그리고 모듈 구조 세 가지 아이템을
조합해 집짓기를 한층 보편적인 영역으로 확장한 프로젝트,
유빌드를 소개한다.

인터뷰 정경화
인터뷰이 유빌드 벤 베이커Ben Baker 프로덕션 매니저
사진 Studio Bark

감씨(감): 집짓기도 DIY가 가능하다니 놀랍다. 어떤 계기로 프로젝트를 시작하게 됐나?
벤 베이커(베이커): 누구나 집을 짓는 과정에 참여할 수 있도록 함으로써 기존의 건축 방식에 변화를 일으키고자 했다. 그 방법으로 가격이 합리적이면서도 쉽게 지을 수 있는 주거 공간인 유빌드를 개발했다. 유빌드는 사용자를 위해 설계하고 사용자에 의해 지어진다. 2층 규모의 크지 않은 면적이지만 사람들은 직접 공간을 짓고 생활하면서 스스로 건축을 하는 자율권을 얻게 된다.
  현재 영국 내에서만 40여 곳의 공간이 지어졌고 스위스와 호주에서도 프로젝트를 수행했다. 완성된 공간은 커뮤니티 공간이나 지역 예술가를 위한 작업실, 정원에 딸린 스튜디오 등으로 쓰이고 있다. 건축물 외에 가구나 수납 시스템, 실내 벽체 시스템 같은 인테리어 요소도 작업한다.

감: 키트를 이용해 집을 짓는 과정을 소개해 달라.
베이커: 집짓기는 다섯 개의 골조 부재로 하나의 블록을 만드는 것에서부터 시작한다. 부재를 조합하고 볼트로 조립해 크기가 600×600mm인 직육면체 형상의 블록을 완성한다. 필요한 수만큼 모듈 블록을 만들고 나면 벽돌을 쌓듯 엇갈리게 적층하고 볼트로 고정해 집의 골조를 세운다. 그다음에는 부위에 따라 추가 작업이 이어진다. 내부 공간은 골조의 표면에 식물성 오일을 바르는 정도로 마무리하고, 바깥에는 기본 보호재로 제공하는 멤브레인을 설치하거나 원하는 소재로 마감한다.

감: 가장 기본이 되는 골조 부재는 어떻게 제작하나?
베이커: 두께가 18mm인 가문비나무(Spruce, 스프러스)Wfe01 합판을 CNC 기계로 재단해 만든다. 600mm라는 규격은 자투리로 남는 합판이 적으면서 CNC 작업에 최적화된 크기를 고려해 결정했다. 하나의 골조 모듈은 코끼리 한 마리의 무게를 충분히 지탱할 정도로 튼튼하다. 또한 벽돌처럼 엇갈리게 쌓아 무게를 더 효과적으로 버틴다.

감: 기존의 건축 방식 또는 모듈을 기반으로 하는 다른 유사 프로젝트와 구분되는 특징을 꼽는다면?
베이커: 누구나 쉽고 빠르게 지을 수 있다는 점이다. 현장에 부품이 도착하면 한두 명이 작업해 몇 주 내에 건물을 완성하고 그곳에서 생활이 가능하다. 전기나 설비 공사를 제외하면 대부분을 전문가의 도움 없이 소화해낸다. 이처럼 특별한 기술을 갖추지 않고도 소규모로 작업이 가능한 것이 이 시스템의 강점이다. 또한 목재를 볼트로 조립하는 시스템은 만들기 쉬운 만큼 해체도 간편해 공간에 변화를 주거나 건물을 보수하는 데에도 유리하다. 단순히 시스템만 제공하는 것이 아니라 일반인이 시공에 부담을 느끼지 않도록 현장에서 여러 도움을 지원한다.

감: 재료로 목재를 선택한 이유는 무엇인가?
베이커: 콘크리트는 틀에 붓고 굳히는 방식으로 작업하기에 독특하고 자유로운 형태를 만드는 데에는 최적의 재료다. 그러나 환경적인 측면에서 보면 독성이 있는 화학물질이라 지속가능한 재료와는 거리가 멀다. 게다가 타설하고 양생하는 과정에서 전문 장비와 기술이 필요해 에너지와 시간이 많이 들고, 한번 형태를 만들고 나면 되돌리기가 어렵다는 단점도 있다. 우리는 이것과 정반대의 시스템을 추구한다. 간단한 기술을 이용해 사람이 다룰 수 있는 규모로 짓는다. 목재는 이와 같은 방식에 최적화된 재료다. 그중에서도 합판은 강도와 내구성이 뛰어나고 크기와 물성이 규격화되어 있어 다루기 쉽다. 모듈 시스템으로 활용하면 그 장점은 더욱 극대화된다.

감: 환경에 미치는 영향을 줄이는 것에도 집중했다.
베이커: 우리는 지속 가능한 산림에서 얻었음을 증명하는 FSC 인증과 PEFC 인증을 받은 목재를 원료로 하면서 포름알데히드를 방출하지 않는 합판을 선별해 사용한다. 나머지 재료도 재활용 플라스틱으로 만든 기초 제품인 에코베어러Ecobearer나 양모, 목섬유 단열재와 같이 90% 이상은 친환경 자재를 쓴다. 또한 탄소배출을 줄이고 지역의 환경에 미치는 영향이 적도록 가능하면 현지에서 재료를 조달하기를 권장한다. 요청하는 경우 각 프로젝트에 대해 탄소영향평가를 수행하기도 한다.

감: 쓰임을 다한 건물은 어떻게 폐기하나?
베이커: 영구적인 사용을 목적으로 짓지만, 철거를 한다면 임시 구조물처럼 흔적이 남지 않도록 한다. 남은 부재는 폐기하지 않고 타 프로젝트의 모듈이나 다른 용도로 사용한다. 하나의 건물이 여러 번의 생명을 갖는 셈이다. 실제로 처음 지어진 건축물은 열 번 넘게 해체하고 새로운 모습으로 만들어졌다.

감: 건축물의 최소, 최대 규모는 얼마인가?
베이커: 작게는 900mm 높이의 개집부터 크게는 3층까지 지을 수 있다. 그러나 실제 지어진 건축물은 2층이 최대다. 더 높은 층을 지으려면 비계 같은 가설물이나 안전장치, 이들을 이용하는 지침을 추가로 준비해야 한다. 아직은 단층 유형을 주문하는 경우가 많다. 이 정도가 사람들이 스스로 성취할 수 있다고 느끼는 규모인 것 같다.

감: 공간의 프로토타입이 매우 다양한 것이 특징이다.
베이커: 사용자의 활동에 대한 조사를 바탕으로 15가지의 유형을 만들었다. 종류는 공간을 만드는 가든 스튜디오Garden Studios와 홈Homes, 가구나 벽체 같은 인테리어 요소인 핏아웃Fit-outs으로 나뉜다. 가든 스튜디오는 크기가 1.95×1.65m인 로빈Robin부터 3.15×5.85m로 가장 넓은 레드 디어Red Deer까지 열한 가지 유형이 있다. 규모가 작은 편이라 벽의 두께는 150mm 정도로 충분하다. 홈은 타이니 하우스Tiny Houses와 캐빈Cabin을 비롯해 네 가지 유형이 있다. 가든 스튜디오보다 규모가 크기 때문에 벽의 두께는 300mm를 기본으로 하고, 단열도 좀 더 보강했다. 벽체 사이의 거리가 먼 경우에는 보를 추가로 설치하기도 한다. 모듈을 기반으로 하기에 원한다면 규격이나 공간의 배치, 창의 개수나 위치를 자유롭게 조절할 수 있다.

감: 가장 인기 있는 유형은?
베이커: 반 아울Barn Owl이 가장 인기다. 양치기를 위한 오두막을 콘셉트로 한 공간으로, 직사각형 평면에 주방과 침대, 샤워실이 갖춰져 있다. 작업실이나 요가 스튜디오 등 다양한 용도로 쓸 수 있고 원한다면 업무 공간에 어울리는 인테리어나 어쿠스틱 월 시스템을 제공하기도 한다. 코로나바이러스 감염증19코로나19의 확산 이후 집에서 생활하는 시간이 많아지면서 수요가 더욱 늘었다.

감: 그간 지어진 건축물 중에서 대표 프로젝트를 소개한다면?
베이커: 영국 비스터에 지어진 박스하우스는 오늘날 유빌드의 모태가 된 프로젝트이자 대표 작업이다. 비스터는 건축주가 스스로 계획하고 짓는 CSHCustom and Self Build Houses 방식으로 집을 공급하는 사업이 여러 차례 이뤄졌던 도시다. 박스하우스는 그중 하나인 그레이븐 힐Graven Hill 프로젝트를 통해 지어진 시범주택이다. 건축주였던 크리스Chris와 록시Roxie는 이 사업에 관심이 있었으나 집을 지을 예산과 기술은 턱없이 부족했다. 의뢰를 받은 건축설계사무소 스튜디오 바크Studio Bark는 문제를 해결하는 방법으로 목재를 CNC 기계로 가공해 집을 짓는 시스템을 개발했다. 구조 엔지니어링 업체인 스트럭처 워크숍Structure Workshop, CNC 업체인 컷 앤 콘스트럭처Cut and Constructure와 협업해 시스템을 제작하고 건축주와 건축학과 학생들로 이루어진 팀이 4주 동안 시공했다. 이후 8주 동안은 건축가가 인테리어 공사를 맡아 마무리했다. 바깥에는 검은색 목재를 적용해 차분한 느낌을 냈고 실내는 일부 공간의 천장을 터서 개방적인 분위기를 조성했다.

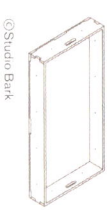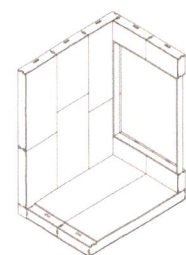

모듈 블록을 적층해 골조를 세우고 마감재를 입혀 집을 완성한다.

1, 2
유빌드를 이용하면 특별한 기술을 갖추지 않고도
누구나 쉽고 빠르게 집을 지을 수 있다.

영국의 온라인 매체인 더 셀프빌드 포털The self-build portal은 같은 규모의 집을 짓는 데 6~9개월가량 소요된다고 발표했는데, 우리는 이 시스템으로 단 4개월 만에 완성했다. 오프사이트 건축Off-site construction의 효율을 극대화한 결과다.

기능성 또한 우수하다. 창은 모두 삼중유리로 제작했고 열관류율은 0.15 Wm^2K로 패시브하우스 수준이다. 환경 컨설턴트인 애트모스 랩Atmos Lab은 이 집의 생애주기에서 발생하는 탄소량이 238kgCO_2/m^2로 기존의 건축 방식으로 지어졌을 때 예상되는 수치인 550kgCO_2/m^2의 절반에 불과하다고 발표했다.

감: 새롭게 준비 중인 프로젝트가 있다면 소개해 달라.

베이커: 우리는 천연 재료로 만든 골조 모듈을 이용해 지속 가능한 집을 짓는다. 여기에 더 많은 사람이 참여할 수 있도록 2021년 여름, 스튜디오 바크를 비롯해 건축 분야의 여러 전문가가 모여 'No Building as Usual'이라는 프로젝트를 시작했다. 다양한 참가자들이 모여 집을 짓는 라이브 빌드Live Build 여름 학교로, 탄소와 에너지, 친환경 등 기후 변화 시대에 맞는 집에 관한 지식을 배우고 실제 건축물을 짓는 과정에 참여해 배움을 실천해 보는 프로젝트다. 이렇게 공동체와 함께하는 작업을 바탕으로 자신의 공간을 직접 짓는 것이 주거 유형의 하나로 자리 잡았으면 한다. 집을 짓는 일이 소수의 사람들로도 충분히 할 수 있는 작업이 된다면 개인의 집짓기가 지역사회의 프로젝트로 확장되고 더 나아가 공동체를 건강하게 만드는 기반이 될 것이다.

1

1, 2
유빌드의 모태가 된
프로젝트이자 대표 작업인
박스하우스의 실내 공간

3
검은색 목재를 적용한
박스하우스의 외관

유빌드 U-Build
유빌드는 누구나 참여할 수 있는 집짓기 시스템을 만들어 건축에 관한 생각과 집을 짓는 방식을
바꾸고자 한다. 사람과 환경을 걱정하는 그들의 마음을 담아 유빌드에 쓰이는 모든 부품은 분해와
재조립, 재활용이 가능하도록 제작한다.
www.u-build.org

Interview

목재와 디지털 패브리케이션의 조우

김재경 건축연구소
김재경 대표

건축가 김재경은 목조건축의 결구를 그만의 언어로 해석하는 작업을 꾸준히 해왔다. 나무 시리즈를 통해 선보인 결구 디자인은 세 그루 집에서 건축적 규모로 실현되었고, 여러 공간에서 조금씩 다른 형태로 변모하며 발전을 거듭하고 있다. 그리고 이를 구현하는 과정에는 늘 디지털 패브리케이션이 등장한다. 그에게 기술은 '건축가의 언어'와도 같은 존재다. 우리가 언어로 생각을 표현하듯, 그는 디지털 패브리케이션이라는 도구를 이용해 자신의 창조성을 실현하고 그 세계를 확장한다.

인터뷰 **정경화**
사진 **노경**(별도 표기 외)

감씨(감): 목조건축을 꾸준히 연구해 왔다. 처음 관심을 두게 된 계기가 궁금하다.
-
김재경(김): 2013년, 미국에서 공부를 마치고 돌아와 연구 주제를 고민하던 때였다. '그간 서양 건축을 주로 배웠으니 동양 건축을 공부하면 건축가로서 나만의 색을 찾을 수 있지 않을까?'라는 생각에 동아시아 건축을 연구하기 시작했다. 그러면서 자연스레 목조에 관심을 두게 되었고, 오랫동안 이 분야에 집중하면 남들이 하지 못한 영역까지 다뤄볼 수 있겠다는 느낌이 들어 연구를 계속하게 됐다.

감: 특히 전통 목구조의 결구부에 집중한 작업이 많다. 어떤 지점에서 흥미를 느꼈나?
-
김: 전통건축을 접하면 대부분은 공포에 관심을 보인다. 부재의 기하학적인 형상과 이들이 서로 결합하는 구조가 독특하면서도 아름답기 때문이다. 나 또한 결구부의 형태나 구축 방식에 먼저 호기심을 느꼈고 결구 부위를 나무만으로 조합하면 목조의 재료적 특성이 더욱 잘 드러날 거라 생각했다. 그래서 목재만을 이용한 결구를 연구하게 됐다. 그간의 작업은 모두 부재를 어떻게 결합할지에 관한 고민에서 비롯된 결과물이다. 이제 결구를 고안하는 것은 건축을 함에 있어 중요한 방향 중 하나가 되었다.

감: 목조건축을 연구하면서 매력적으로 느꼈던 부분은 무엇이었나?
-
김: 구조까지 함께 고민할 수 있다는 점이다. 건축은 하나의 완성체를 만드는 행위이지만 이를 구현하는 방식은 구조나 형태, 시공 등으로 제각기 분리되어 있다. 철재나 콘크리트 같은 근대의 건축재료는 동시대 건축이 추구하는 군더더기 없고 효율적인 구조 시스템이 어울린다. 그래서 구조는 구조 기술자가 풀고 형태는 건축가가 디자인하는 지금의 방식이 잘 맞는다. 반면, 목조는 소재의 물성을 잘 보여주는 방식으로 구조를 풀 때 서로 시너지를 내며 공간의 힘이 강하게 드러난다. 그래서 건축가가 설계와 구조를 복합적으로 고민해야 한다. 이 점 때문에 목조건축이 어렵고, 또 그래서 더 매력적이다.

감: 세 그루 집을 작업한 과정을 소개해 달라.
-
김: 우선 하중을 지지하면서 스스로 설 수 있는 최소한의 조합을 고민했고, 그 결과 세 개의 기둥을 구조체로 정하게 됐다. 그리고 나무가 자라는 형상에서 나타나는 기하학적인 규칙을 구조체의 디자인에 적용했다. 형태는 파라메트릭 툴로 요소의 조건을 조금씩 바꿔가며 여러 대안을 만들고, 그중에서 미적인 기준과 구조 성능, 대지와의 관계를 종합적으로 고려해 결정했다.

세 그루 집은 도면을 그리는 과정이 일반적인 철근콘크리트 건축과 달랐다. 일단 목재를 CNC 방식으로 가공하려면 기계가 인식할 수 있도록 전개 도면을 그려야 했다. 그리고 부재를 끼워 맞춰서 시공하기 때문에 레고처럼 조립 방법과 순서를 안내하는 책자를 따로 제작했다.

전개 도면을 그리는 데에 2주 정도 걸렸고, 가공은 1주, 시공은 3주 정도 소요됐다. 철근콘크리트 구조와 비교하면 빠르지만, 부재가 워낙 많고 형태가 모두 다르다 보니 목구조 치고는 오래 걸렸다.

세 그루 집 + 나무 시리즈
-
설계: 김재경(김재경 건축연구소, 한양대학교) **설계 담당**: 허성범, 이예솔(세 그루 집) / 이예솔, 이영준, 이동원(나무 시리즈) / 이예솔, 곽숙란, 이경택, 허승욱(초기 연구) **시공**: 김재경, 허성범, 이예솔, 김민호, 신진호(김재경 건축연구소) + 남명희 **위치**: 경상북도 상주시 낙동면 영남제일로 417-5 **대지 면적**: 271m²
연면적: 85m² **규모**: 지상 2층 **구조**: 자작나무 합판 목구조
마감: 반투명 폴리카보네이트 골판, 스프루스 각재, 라디에타파인 합판, 로이삼중유리 시스템 창호, 아스팔트 싱글(지붕)
완공: 2018년 8월

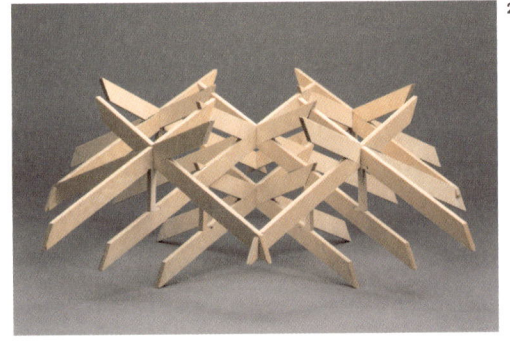

1
세 그루 집의 구조체는
나무의 결합만으로 하중을
지지하며 순수한 재료의
힘을 보여준다.

2, 3, 4
결구 부위에서 부재가
결합하는 방법을 실험한
연구 모형

감: 구조는 어떻게 검토했나?
-

김: 구조 계산이 어려운 형태여서 대신 목업을 제작하고 테스트하는 과정을 여러 차례 반복했다. 세 그루 집은 구조 계산서를 필요로 하는 규모가 아니었기에 담당 공무원에게 연구 자료와 근거를 제출하고 진행할 수 있었다. 그러나 지금은 프로젝트가 늘어나고 규모도 커져서 수치를 좀 더 정량화하고 행정적, 법적인 근거를 꾸준히 쌓고 있다.

감: 작업 과정 전반에서 디지털 패브리케이션을 활용한다. 가장 큰 강점을 꼽는다면?
-

김: 습식 공법은 오차가 생기더라도 현장에서 대응할 수 있다. 그러나 목재를 시공하는 건식 공법, 특히 맞춤 방식은 결구 부위에 몇 mm만 오차가 발생해도 조립이 어려워지기 때문에 아주 정밀하게 제작해야 한다. 이러한 측면에서 건축가가 의도한 디테일을 정확하게 만들어내는 디지털 패브리케이션이 빛을 발한다. 사실상 내가 추구하는 디자인은 기술이 뒷받침되지 않으면 구현이 불가능하다. 이런 점에서 볼 때 건축가의 창조력은 기술을 따라가는 것 같다. 자와 컴퍼스만 있던 때에는 그 틀 안에서만 생각을 표현할 수 있었다면 컴퓨터가 등장하면서 그 폭이 훨씬 넓어졌다. 지금은 3D 프린팅 같은 기술이 개발되면서 더욱 자유로워지고 있다.

감: 국내에서 아직 디지털 패브리케이션이 적극적으로 개발되지 않는 이유는 무엇이라고 보나?
-

김: 기술을 잘 쓸 수 있는 환경은 이미 마련되어 있다. CNC는 이미 대중적인 기술로 자리 잡았고 대형 3D 프린팅 업체도 찾아보면 꽤 많다. 오히려 건축가들이 기술을 활용하는 것에 별로 관심이 없는 것 같다. 습식 공법에 익숙해지다 보니 갈수록 형태에 치중하게 되고 설계 방식도 그에 맞춰 굳어졌다. 새로운 것을 시도하기를 꺼리는 사회 전반의 분위기도 한몫한다. 특히 건축은 규모가 크고 비용이 많이 들기 때문에 더욱더 도전하기가 어렵다. 그런데도 시장이 변화할 것이라고 보는 이유는 인건비 때문이다. 해외에서 디지털 패브리케이션을 선호하는 이유는 인건비가 높아서다. 한국도 곧 프리패브리케이션으로 바뀔 것이다.

감: 작업할 때는 주로 어떤 자료나 프로젝트를 참고하나?
-

김: 일본은 목조 시장이 매우 크고 학교나 목재 회사의 연구도 활발하다. 그래서 목구조 표준이나 독특한 구조 디자인에 대한 자료가 풍부하다. 자료를 보면서 '목조건축으로 이런 것도 가능하구나' 하는 영감을 얻는다. 로잔 연방 공과대학교의 공학목재 연구실이나 취리히 연방 공과대학교 같은 유럽 대학의 프로젝트도 즐겨 본다. 특히 취리히 연방 공과대학교는 구조와 형태, 재료를 결합하여 새로운 건축 프로토타입을 만드는 실험을 많이 해서 보는 것만으로도 많은 동기부여가 된다.

1 경주에 위치한 한의원의 갤러리, 치유의 집 실내 투시도
2 빛의 루 모델링 이미지

감: 새롭게 진행 중인 목조건축 프로젝트의 이야기도 궁금하다.
-
김: 경주에 위치한 한의원의 갤러리와 진주의 유등축제를 위한 파빌리온 프로젝트를 진행하고 있다. 경주의 갤러리, 치유의 집은 네 채의 한옥으로 이루어진 공간이다. 외관은 법규에 맞춰 계획해 일반적인 한옥의 모습이지만 실내 공간은 대들보를 없애거나 결구를 바꾸는 식으로 채마다 다른 구조 시스템을 적용해 분위기를 달리했다. 새로운 한옥에 대한 구조적 실험이라 할 수 있다.

진주에 지어질 빛의 루(樓)는 세 그루 집의 디자인을 확장한 버전이다. 세 그루 집이 실내에서 경험하는 공간감에 집중했다면, 이곳은 남강의 수려한 경치를 담는 것이 중요했기 때문에 공간 안팎의 경계를 최소화하고 모두 개방되도록 설계했다. 또 기둥이 세 그루에서 여섯 그루로 늘어나면서 구조적인 아름다움에도 더욱 신경 썼다. 이 프로젝트는 시공사에서 문제없이 지을 수 있도록 기술과 공법을 매뉴얼로 자세히 정리하는 일에 특히 집중하고 있다.

감: 철근콘크리트 건축이 보편적인 한국에서 목조건축을 하며 느낀 소회가 있다면?
-
김: 인건비가 오르고 기술이 발달하면서 목조도 어느 정도 경쟁할 수 있는 환경이 갖춰졌다고 본다. 목재의 가장 큰 장점은 가공성이다. 비교적 적은 힘으로도 변형이 가능하고, 로봇팅 암이나 CNC 같은 디지털 패브리케이션 기술과도 잘 맞다. 공학목재가 개발되면서 구조 성능이나 내화, 방수, 내수 성능이 크게 개선되어 그간 단점이라 일컬어지던 부분도 많이 극복했다. 무엇보다도 따뜻하고 친숙해서 사람들이 좋아한다. 자기만의 디자인을 갖고 싶어 하거나 친환경을 추구하는 사람이 갈수록 늘어나는 만큼 앞으로 더욱 빠르게 목재의 시대가 올 것이다.

다만 우리나라는 아직 목재산업을 받아들일 준비가 제대로 되어 있지 않다. 철근콘크리트 구조에 너무 편중되다 보니 재료와 기술에 대한 연구가 상대적으로 더디다. 제도도 완전히 정립되지 않아 건축가가 스스로 증명하면서 해야 한다. 앞으로의 수요를 따라가려면 더 많은 연구와 이를 위한 국가의 지원이 필요하다.

김재경(김재경 건축연구소 대표)
김재경은 한양대학교에서 건축공학(B.E.)을, MIT에서 건축과 도시를 공부했다.
현재는 한양대학교 건축학부 교수이자 김재경 건축연구소(JK-AR)의 대표로 있으며,
기술을 이용해 지역성을 새롭게 해석한 건축을 선보인다.
www.jk-ar.com

4

LIFE WITH WOOD

Usage

자투리 목재로 만든 연료

우리나라는 국토의 63%가 산림이다. 면적이 넓은 만큼 산지의 목재에서 발생하는 부산물의 양도 연간 200만 t을 넘을 정도로 어마어마하다. 최근에는 이러한 부산물과 목재를 가공하면서 생긴 자투리를 원료로 에너지를 만드는 사례가 늘고 있다.

-
글 정신오

목재 연료의 재발견

일상생활에서 사용하는 에너지는 대개 도시가스나 전력, 열, 풍력으로부터 얻고, 그중에서도 도시가스와 전력을 가장 보편적으로 사용한다. 2020년 기준 용도별 주요 에너지원을 살펴보면 주거 공간에서는 도시가스가 전체의 46.5%, 상업 공간에서는 전력이 61.9%로 각각 1위를 차지했다. 그러나 도시가스와 전력은 모두 석유나 석탄처럼 한정된 자원을 원료로 하고, 에너지를 만드는 과정에서 대량의 이산화탄소를 방출한다. 이에 정부에서는 천연 재료를 원료로 하는 재생에너지로 시선을 돌리고 있다.

e-나라지표에서 발표한 2020년 에너지원별 발전량 현황을 보면 재생에너지가 차지하는 비중은 6.6%로, 2.5%였던 2011년과 비교해 4.1%나 상승했다. 그중 바이오매스가 전체의 21.9%로, 태양광 다음으로 많았다. 바이오매스는 나무나 풀과 같이 광합성을 하며 생장하는 식물자원이나 이들을 식량으로 하는 생물을 뜻한다. 이들이 배출하는 부산물을 발효·가열하면 에너지가 만들어진다. 바이오매스는 화석연료와 달리 에너지를 생산하는 과정에서 오염물질을 배출하지 않는다. 또 고구마부터 해조류, 심지어는 음식물 쓰레기까지 사용이 가능해 일상에서 쉽게 원료를 구할 수 있다.

다양한 종류의 바이오매스 중 나무를 사용하는 과정에서 생기는 부산물을 통틀어 목질계 또는 산림계 바이오매스라고 부른다. 벌채하면서 떨어진 나뭇가지나 잎사귀, 제재 과정에서 발생한 톱밥, 건설 폐목재 등이 여기에 해당한다. 본래 나무는 142만 년 전부터 불을 피우는 에너지원으로 쓰여 왔다. 비록 산업혁명과 함께 화석연료가 등장하면서 구시대적 유물로 밀려났지만 현대에 들어 환경에 미치는 영향을 줄이는 대안으로 다시금 주목받고 있다. 물론 다른 연료와 마찬가지로 목질계 바이오매스 역시 에너지를 생성하는 과정에서 이산화탄소를 방출한다. 하지만 그 양은 식물이 썩을 때 발생하는 정도로 미미하고 부산물을 이용하기 때문에 환경에 미치는 영향이 더 적다.

3대 목질계 바이오매스

목질계 바이오매스는 일반적으로 연소의 효율을 높이고 많은 양을 보관할 수 있도록 작은 크기로 가공한다. 형태에 따라 펠릿Pellet, 목재칩Wood chip, 브리켓Briquet으로 구분한다.

펠릿은 톱밥이나 조림 과정에서 나온 나뭇가지를 잘게 부수고, 압축해서 만든 연료다. 직경이 6~12mm, 길이는 30~40mm로 크기가 작고, 캡슐형 알약처럼 생긴 것이 특징이다. 에너지 생산량은 1kg당 4,300~4,500kcal로, 세 연료 중 효율이 가장 높다. 연간 사용량을 살펴보면 2020년 기준 약 288만 t으로, 발전량은 약 5백만 MWh에 달한다.

목재칩은 연소가 잘 되도록 목재를 칩 형태로 잘게 자른 연료다. 조림 과정에서 생긴 나뭇가지나 뿌리, 물건을 적재할 때 사용하는 팔레트, 폐가구류까지 원료의 종류가 다양하다. 또 생산방식이 분쇄하는 것으로 단순하고, 현장에서도 만들 수 있어 일본에서는 목재칩을 더 많이 쓴다. 그러나 국내에서 쓰이는 양은 9만 t 정도로, 펠릿 사용량의 3%가 채 되지 않는다. 부재마다 형태가 다르고 함수율 차이가 크기 때문이다. 발열량 역시 1kg당 1,900~4,300kcal로 균일하지 않아 평균 에너지 생산량을 가늠하기 어렵다.

브리켓은 오염되지 않은 목재를 원기둥이나 직육면체 모양으로 압축한 것으로, 펠릿 규격 외의 압축 연료를 통칭한다. 함수율이 15% 미만이라 불이 잘 붙고 연기나 그을음이 적다. 그러나 페인트나 방부제와 같은 화학물질을 첨가하지 않은 목재만 사용하기 때문에 원료를 수급하기가 어렵다. 국내에서는 거의 생산하지 않고 대부분 해외에서 들여온다.

목질계 바이오매스의 활용

목질계 바이오매스는 공장에서 사용하는 발전용과 주거 공간에 열을 공급하는 가정용으로 나뉜다. 그러나 가정에서 사용하는 경우는 거의 드물다. 편향된 비중에 대해 산림조합중앙회 송현호 유통지원부장은 "목질계 바이오매스는 소외계층에게 저가로 에너지를 공급하기 위해 쓰이기 시작했지만 2017년 유가가 하락하면서 수요가 줄었다"고 말한다. 가정에서 쓰이는 양을 예측하기 어렵고 재고 부담이 크다는 점 역시 생산이 줄어드는 원인이다. 이에 정부에서는 가정에서의 사용을 장려하기 위해 농·산촌 지역에 산림계 바이오매스로 에너지를 공급하는 '산림에너지 자립마을 조성사업'을 계획 중이다.

사용량이 많은 발전용 연료 역시 해결해야 할 과제가 있다. 2012년 정부에서 '신재생에너지 공급의무화 제도RPS, Renewable Energy Portfolio Standard'를 시행하면서 목질계 바이오매스를 이용해 에너지를 만드는 발전소가 많아졌다. 하지만 대부분은 캐나다나 베트남에서 수입한 연료를 사용한다. 송현호 유통지원부장은 "시장에서는 가격이 더 저렴한 수입산 연료를 선호한다"며 "국산 연료에 대한 수요가 적으니 업체에서는 생산 가능한 양보다 적게 만든다"고 말한다. 유통 과정에서 발생하는 이산화탄소 배출량은 목질계 바이오매스를 사용함으로써 저감되는 양을 훨씬 넘긴다. 자급률을 늘리기 위해서는 정부에서 수요량을 예측하고 업체의 생산 규모에 맞게 분배하는 등의 조율이 필요하다. 또 수입산을 사용하는 경우, 바이오매스 이용 비율을 일부만 인정하는 제도가 마련되어야 한다.

펠릿

목재칩

브리켓

Method

목재에
형태를 불어넣는
방법

글 정경화
취재 협조 도잠, 켄고 쿠마 앤 어소시에이츠

틀에 붓고 굳히는 방법으로 자유롭게 형상을 빚어내는 콘크리트와 달리 목재는 물성이 단단해 대부분 각재나 판재 같은 제한적인 형태로 쓰인다. 목재를 다루는 사람들은 이러한 소재의 한계를 뛰어넘기 위해 짜맞춤이나 밴딩 같은 다양한 가공법을 개발해 왔다. 그중 목재만을 결구해 형상을 구현하는 짜맞춤에 대해 알아보자.

짜맞춤

초기의 목조건축은 기둥을 세우고 나무껍질이나 나뭇가지를 엮어 만든 지붕을 올리는 방법으로 지어졌다. 부재가 만나는 부위는 끈이나 식물의 줄기로 묶어 고정했는데, 이것이 홈을 내고 끼우는 방식으로 발전하면서 짜맞춤이라는 개념이 처음 등장했다. 이후 짜맞춤은 연결철물이 발달하기 전까지 동서양을 막론하고 목재를 접합하는 주된 방법으로 쓰였다.

    짜맞춤의 기본은 부재를 서로 끼워 맞출 수 있도록 단면에 암수를 두는 것이다. 쉽게 말해 한쪽에 구멍을 뚫었다면 다른 부재는 돌출되게 가공해서 둘을 결합하는 원리다. 목수들은 더 견고하면서도 아름답게 결구하는 법을 끊임없이 고민했고, 그 결과 다양한 방식이 개발됐다. 지금은 부재의 형상이나 부위, 결구부가 드러나는 정도를 고려해 적절한 짜맞춤 방식을 선택하여 적용한다.

    부재의 형상은 사용하는 도구에 따라 차이가 있다. 끌과 망치로 홈을 파면 각진 형태를 띠고, 드릴을 사용하면 끝이 둥글어진다. 그래서 수작업으로 만든 것과 공장에서 제작한 부재는 서로 형상이 다르다. 기계로 작업하는 경우에는 반지름 값을 감안해 맞춤 부위를 계획해야 한다. 재료에 따라서도 고려해야 할 요소가 달라진다. 원목을 짜맞춤하는 경우에는 수축팽창이나 결 방향까지 생각해서 암수를 정한다. 그러나 물성이 균일한 공학목재가 등장하면서 과정이 간소해졌다. 요즘에는 다월이나 도미노, 비스킷 등의 하드웨어나 접착제를 함께 사용해 더 간편하게 체결하고, CNC나 3D 프린팅 기계로 정밀하게 가공해 완성도를 높이기도 한다.

짜맞춤의 종류

완성된 가구나 건축에서는 드러나지 않지만 결구 방법은 적용 부위나 용도에 따라 수많은 종류가 있다. 그중에서도 우리나라에서 오랫동안 이어져 내려온 전통 짜맞춤 방식을 소개한다.

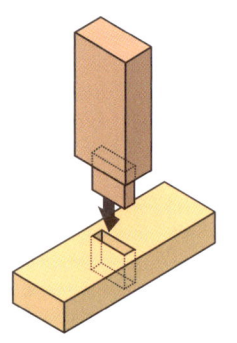

장부맞춤 Mortise&Tenon Joint

장부는 부재의 끝을 가늘고 길게 돌출해 다른 부재의 구멍에 끼울 수 있도록 만든 부분을 의미한다. 이렇게 튀어나온 형태에 맞춰 홈을 파고 부재를 서로 끼워 맞추는 결구를 장부맞춤이라 한다. 결합을 더 강하게 하고 싶을 때는 맞닿는 면에 접착제를 발라 전단저항을 높인다. 접합부를 여러 개로 분할해 장부의 개수를 늘리거나 장부에 턱을 추가로 두어 표면적을 넓히는 것도 방법이다.

막장부촉맞춤 반대편에서 장부의 단면이 보이도록 끝까지 관통하는 방식이다. 내다지라고도 한다. 작업이 간단하면서도 결합 강도가 높아 각재를 결구하는 기본 방식으로 쓰인다.

숨은장부맞춤 장부를 부재의 3분의 2 정도까지만 꽂는 방식으로, 반다지라고도 부른다. 부재가 맞닿는 면적이 작은 만큼 결합이 약하지만 겉으로는 결구가 드러나지 않아 외관이 깔끔하다는 장점이 있다.

반턱맞춤 Half Lab Joint

각재의 단면을 각각 절반씩 파내어 턱을 만들고 서로 끼우는 방법이다. 부재가 만나는 모습에 따라 ㄱ자, T자, 十자 등으로 종류가 나뉜다.

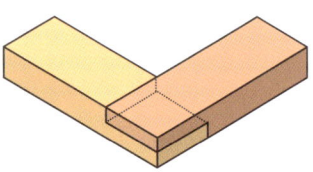

ㄱ자 반턱맞춤 두 부재의 한쪽 끝을 절반씩 따내고 직각으로 접합하는 방법이다. 겉보기에는 약해 보이지만 부재가 맞닿는 면적이 넓기 때문에 접착제를 바르면 숨은장부맞춤보다 튼튼하다. 문틀이나 거울, 액자 틀 등 직각으로 만나는 부재를 결합할 때 사용한다.

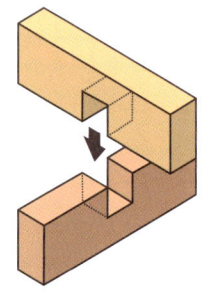

十자 반턱맞춤 十자로 만나는 부재의 가운데 부분을 절반씩 파내고 모양을 맞추어 결합하는 방법으로 창호에서 쉽게 볼 수 있다. 짧은 부재를 아래에 받치고 긴 부재를 위에 얹는 것이 하중을 지지하기에 더 유리하다.

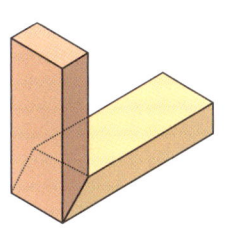

연귀맞춤 Miter Joint

직각으로 만나는 부재의 단면을 45°로 깎은 다음 절단면을 맞춰 잇는 방법이다. 전통가구의 문틀을 제작할 때 자주 사용한다. 결구 부위가 겉으로 드러나지 않고 깔끔한 것이 장점이다. 그러나 목재의 횡단면끼리 접합하기 때문에 충격에 약하고 틈이 쉽게 벌어진다. 이러한 단점을 보완하기 위해 등장한 방법이 반연귀맞춤과 연귀장부맞춤이다.

반연귀맞춤 연귀맞춤에서 만나는 단면의 절반은 45°로, 나머지 절반은 직각으로 자르는 방법이다. 연귀맞춤보다 부재가 맞닿는 면적이 넓어 그만큼 결합력이 높다.

연귀장부맞춤 결구 부위에 직각 모양의 장부를 추가해 결합을 더 강하게 만드는 방법이다. 강도를 높이면서 접합 부위는 안쪽에 숨겨 깔끔하게 마무리할 수 있다.

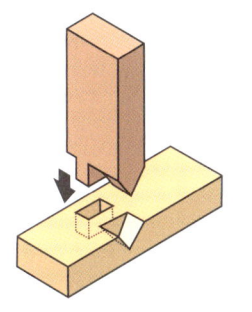

제비촉 장부맞춤

장부맞춤을 기본으로 하면서 부재 단면의 바깥쪽을 삼각형 모양으로 가공해 이중으로 결합한다. 장부맞춤에 삼각형(◁) 모양의 장부를 추가했다고 이해하면 쉽다. 장부의 모양이 제비촉을 닮아 제비촉맞춤이라는 이름이 붙여졌고, 제비초리 맞춤이라고도 부른다. 연귀맞춤이 틀을 결구하는 방식이라면 제비촉 장부맞춤은 틀의 중간에 작은 보를 고정하는 T자 맞춤에 주로 쓰인다.

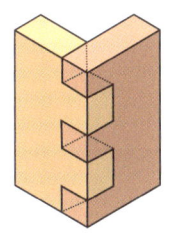

사개맞춤

목재 단면을 직각 톱니처럼 가공해 면과 면을 서로 끼워 맞추는 것으로, 상자를 만들 때 사용한다고 해서 상자짜임(Box Joint, 박스 조인트)이라고도 부른다. 앞서 소개한 짜맞춤이 기둥이나 보와 같은 각재를 접합하는 방식이라면 사개맞춤은 판재를 연결할 때 사용한다. 전통 짜맞춤 가구를 만든다면 꼭 익혀야 할 핵심 구법이다. 부재의 두께와 필요한 강도를 고려해 사개의 개수를 결정하고, 크기는 부재의 두께와 비슷하게 잡는 것이 좋다. 돌출되는 부재를 먼저 만들고 맞닿는 면에 돌출부를 대고 그린 뒤에 모양대로 따내는 것이 결구를 정밀하게 맞추는 요령이다.

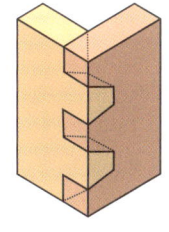

주먹장맞춤 Dovetail Joint

사개맞춤과 마찬가지로 면과 면을 결구하는 방식이다. 차이가 있다면 결합부가 직사각형이 아닌 사다리꼴 모양을 이루도록 사선으로 가공한다. 결구부가 주먹을 움켜쥔 듯한 모습이라 주먹장맞춤이라 하고, 서양에서는 비둘기 꼬리의 형상을 닮았다고 해서 도브테일이라고 부른다. 사개맞춤은 어느 방향으로 잡아당기든 쉽게 분리되는 데 반해 주먹장맞춤은 결합 각도가 사선을 이루므로 부재를 한쪽 방향으로만 뺄 수 있다. 그래서 서랍처럼 당기는 힘을 계속 버텨야 하는 부재에 사용하면 좋다. 단, 나머지 한쪽 방향으로는 여전히 빠질 위험이 있기 때문에 암수를 정할 때에는 작동 방향을 주의 깊게 고려해야 한다.

짜맞춤의 멋을 살리다

하드웨어와 가공 기술이 발달하면서 목재를 쉽고 빠르게 접합하는 여러 가지 방법이 등장했지만, 그럼에도 여전히 짜맞춤에 집중하는 이들이 있다. 짜맞춤의 본질을 탐구해 아름답게 표현해 낸 작업들을 소개한다.

건축가 쿠마 켄고의 공간

치도리

이웃나라 일본에서는 지금도 전통 결구를 건축이나 가구에 활발히 활용하고, 새로운 방식을 개발하는 데에도 적극적이다. 그중에서도 대표적인 것이 건축가 쿠마 켄고Kuma Kengo의 작업이다. 그는 자신이 집중하는 주제인 약한 건축을 구현하는 방법으로 작은 단위를 여러 개 조합해 전체를 구축하는 디자인을 즐겨 한다. 결구를 활용한 작업 또한 이러한 건축 언어에서 비롯되었다.

그가 처음 결구를 작품에 적용한 때는 2007년, 이탈리아 밀라노에서다. 당시 그는 2주 동안 운영할 파빌리온을 제작해 달라는 의뢰를 받고, 빠르게 만들고 해체하는 시스템을 고민하다 치도리를 발견한다. 치도리는 기후 현의 다카야마 시에서 전해져 내려오는 목제 장난감으로, 조각을 엮듯이 나무 막대를 끼워 맞추는 놀이다. 막대를 엮어 조립하는 만큼 격자가 계속 확장돼 무한한 형태를 만들 수 있다는 특징이 있다. 그는 이 원리를 응용해 'CIDORI'라는 이름의 파빌리온을 제작한다. 그리고 2010년에는 결구를 건축적으로 발전시켜 GC 프로소 뮤지엄 리서치센터에서 거대한 목재 파사드를 구현했다. 이 구조물은 못이나 접착제를 쓰지 않고 목재의 결구만으로 완성되었다. 6천 개의 삼나무Wc05 막대를 50cm 간격으로 조립해 만든 격자 형태의 구조물은 건물의 입면이자 하중을 지지하는 구조체로 역할한다. 결구는 평면에서 입체로, 더 나아가 자유로운 형태와 각도로 꾸준히 발전했다. 스타벅스 커피 다자이후 덴만구 오모테산도점(2011)과 도쿄의 서니힐스 재팬(2013)에서는 부재를 빗각으로 교차시키면서 적층하여 입체적인 외피를 선보이기도 했다.

스타벅스 커피 다자이후 덴만구 오모테산도점의 전경

GC 프로소 뮤지엄 리서치센터에서는 치도리 결구를 건축적으로 발전시켜 거대한 목재 파사드를 구현했다.

도잠의 올리다 OLIDA 모듈러 테이블 세트.
용도에 맞춰 여러 방법으로 조합해
사용할 수 있다.

디자이너 이정혜의 가구

-

도잠

디자이너 이정혜는 갈수록 협소해지는 도시의 주거 공간을 슬기롭게 이용하는 방법으로 사용자가 쉽게 위치와 구조를 바꿔가며 사용하는 모듈러 가구를 구상했다. 이러한 생각을 발전시켜 2016년 작은 집에 어울리는 생활가구 브랜드 도잠Dozamm을 선보였다. 도잠의 가구는 얇은 합판을 짜맞춤 기법으로 결구해 조선시대 목가구의 아름다움을 재현한다. 결구 부위는 못과 나사를 쓰지 않고 목재가 맞물리는 힘만으로 강하게 결합된다.

"가구는 집이라는 사적인 공간에서 가장 자주 사용하는 물건으로 일종의 토템과도 같은 존재입니다. 그래서 주변에 자연스럽게 녹아드는 모습이면서도 하나의 생명체처럼 느껴지기를 바랐어요. 단면이 드러나는 부분은 얇고 날렵하게 마무리해 정체성을 유지하고 전체적인 몸체는 볼륨감을 살려 편안한 형태로 제작했습니다. 얇은 단면과 볼륨감 있는 형태의 불균형으로 인해 살짝 기이해 보이는 모습이 오히려 좋았어요. 두께가 9mm로 얇은 재료를 사용한 덕분에 물건을 담을 수 있는 공간이 넓어져 수납하기에도 훨씬 유리합니다."

얇고 간결한 모습을 구현하는 일등공신은 합판이다. 합판은 얇은 두께로도 높은 강도를 발휘하는 데다 넓은 면적에 걸쳐 나무의 결을 시원하게 보여준다. 짜맞춤은 목재로 연결한다는 개념만 유지하고 모든 방식을 새롭게 고안했다. 결구 부위는 두 개의 눈동자를 닮은 모습이 되기도, 때로는 -_- 모양의 이모티콘이 되기도 하며 가구에 다채로운 표정을 더한다. 구조의 일부이지만 그대로 노출하다 보니 오히려 장식처럼 느껴진다. 반대로 짜맞춤을 감추는 경우도 있다. 특히 크기가 큰 가구는 복잡한 짜맞춤 형태가 혼란스럽게 보일 수 있어 결구 부위를 숨기고 일체감을 강조한다.

127

"제작은 재단을 제외하고는 모두 수작업으로 이루어집니다. 부재를 곱게 샌딩하고 붓으로 하나하나 색을 입힌 후에 결구를 맞춰요. 최소한의 결구 부위로 결합된 모습은 단정한 선의 모임처럼 느껴지기도 합니다."

Project 목재를 경험하는 공간

목재를 경험하는 방법은 여러 가지이지만 그중에서도 가장 즐거운 것은 공간을 이루는 재료의 조화를 살피는 일이다. 재료를 자세히 들여다보면 건축가의 고민과 배려가 느껴져 그 장소가 한층 친근하게 다가온다. 건축가에게 듣는 공간 속 목재의 이야기.

글 정신오

Space

목재에
새 숨결을 불어넣은

생명의 빛 예배당

언제부터인가 교회 건축의 재료로 스테인드글라스와 벽돌, 석재가 당연시되었다. 그것이 어울리는지 되묻는 이는 없다. 일률적인 모습에 지루함을 느낄 즈음 만난 폴리카보네이트와 목재를 적용한 교회는 당당히 그 공식을 깨트린다. 굳어버린 송진, 갈라진 자국까지 방금 베어 온 듯한 나무로 공간을 가득 채운 생명의 빛 예배당을 소개한다.

-
인터뷰이 **신스랩 건축 신형철 대표**

하나의 건축, 두 개의 얼굴

경기도 가평 보리산의 중턱에는 작은 마을이 하나 자리해 있다. 이 곳은 은퇴한 선교사 100여 명이 모여 생활하는 선교사 마을로, 숙소와 수련 공간, 예배당이 한데 모여 있다.

생명의 빛 교회를 처음 마주하는 이들은 유리와 플라스틱으로 마감한 현대적인 종교 건축물의 모습에 낯선 느낌을 받는다. 건축가 신형철은 입면에 두 재료를 적용한 이유를 프랑스 미술사학자 앙리 포시용Henri Focillon의 저서 『형태의 삶』 속 문장에 빗대어 설명한다.

"앙리 포시용의 '모든 사물과 생명체는 외적인 덩어리와 내적인 덩어리가 따로 존재한다'는 이론에서 영감을 받아 건물의 안팎을 다른 분위기로 계획했습니다."

교회를 감싸는 반투명한 폴리카보네이트는 빛을 반사하며 보리산의 풍경을 투영한다. 건축가는 반투명한 입면 곳곳에 맑은 유리를 입혀 예배당을 밝혔다. 또 지붕을 박공 형태로 계획해 보리산의 산세를 모사하기도 했다.

폴리카보네이트로 둘러싸인 외관과 달리 예배당 내부는 834그루의 나무 기둥이 빼곡하게 들어차며 거대한 돔을 만든다. 곧게 뻗은 나무 사이로 떨어지는 빛줄기는 공간에 성스러움을 더한다. 교회, 성당 같은 종교 건축물은 대개 조적 방식으로 지어지기에 목재를 사용한 모습이 사뭇 어색하게 느껴지기도 한다. 하지만 전무한 것은 아니다. 건축가 피터 줌터Peter Zumthor는 성 베네딕트 성당St. Benedict Capel의 바닥과 기둥, 지붕에 목재를 적용했다. 일본의 건축가 안도 다다오Ando Tadao는 목재를 대나무발처럼 촘촘하게 세워 금강사Komyoji Temple in Saijo의 벽을 만들었다. 각자 다른 방식이지만 목재를 사용한 것만으로 공간이 한결 친근하게 다가온다.

그렇다면 신형철은 어떤 방식으로 목재를 사용했을까? 그는 원목 상태의 목재를 곧게 세워 교회에 색을 더했다. 그 모습은 공간을 이루는 자재라기보다는 숲을 이루는 나무를 더 닮았다. 건축가는 "살아 있는 나무는 하늘을 향해 수직으로 서 있지만 죽은 나무는 수평으로 땅에 눕는다"며 "예배당의 통나무를 모두 수직으로 세워 부활을 표현하고자 했다"고 말한다. 그는 거대한 통나무를 공중에 띄우기 위해 격자 구조로 철판을 짜고, 목재의 위아래에 깊숙하게 끼워 흔들리지 않도록 결구했다.

생명의 빛 예배당 복도. 외부와 내부의 덩어리가 따로 존재한다는 앙리 포시옹의 철학이 담겨 있다.

생명의 빛 예배당에 동그랗게 둘러앉아 기도를 드리는 모습

경계를 허문 예배당

예배당을 천천히 거닐다 보면 이탈리아 로마의 신전, 판테온Pantheon이 떠오른다. 판테온은 그리스어로 '모든 신을 위한 신전'을 의미한다. 그 뜻을 담아 공간은 화합을 상징하는 원형으로 지어졌고 천장은 가장 이상적인 입면체인 구를 닮은 돔 구조로 되어 있다. 신형철 역시 이러한 의미를 담아 예배당을 원형으로 계획했다.

"예배당을 원형으로 설계함으로써 성직자와 평신도의 경계를 허물어 누구나 평등하게 예배하고 소통하는 공간을 만들려고 했어요."

그의 말처럼 예배당에 모인 사람들은 중심에 자리한 십자가 주위로 동그랗게 둘러앉아 기도를 드린다.

통나무의 위아래에 격자 형태로 짠 철판을 끼워 수직으로 서 있는 듯한 형상을 만들었다.

Space

봄날의
따스함을 품은

오월학교

오월학교는 40년 가까이 방치되었던 시골 분교를 리모델링한 공간으로, 지금은 카페와 레스토랑, 스테이 그리고 목공방으로 이용되고 있다. 지랩의 노경록 대표는 "이곳은 부모 세대에게는 향수를, 자녀들에게는 신선함을 주는 공간"이라며 "부모와 아이가 함께 경험하면서 소중한 추억을 쌓을 수 있는 열린 학교를 만들려고 했다"고 말한다. 한동안 쓸쓸했던 학교는 이제 방문객들의 활기와 웃음소리로 가득하다.

남겨지는 것들에 대하여

1층 규모의 나지막한 건물에 내부가 훤히 들여다보이는 커다란 창, 아담한 운동장. '시골 분교' 하면 떠오르는 풍경이자 오월학교가 간직하고 있는 흔적이다. 그래서인지 이곳에는 오늘날의 학교에서 느끼기 어려운 정겨움이 묻어난다.

오월학교를 탈바꿈하는 작업은 무엇을 유지할지를 선택하는 데서부터 시작했다. 고심 끝에 남긴 것은 두 가지다. 첫 번째는 입면, 그중에서도 커다란 창이다. 입구 옆의 낮은 경사로를 오가다 보면 창 너머로 오월학교의 새로운 공간이 훤히 들여다보인다. 창은 실내에 남향의 햇빛을 들이기 위해 만들어진 것으로, 분교 시절을 연상케 하는 몇 안 되는 요소 중 하나다. 건축가는 창 안쪽에 건식벽을 덧대는 방식으로 구조를 보강해 그 시절의 풍경을 유지했다.

두 번째 요소는 트러스 구조다. 현대의 건축물에서는 찾기 힘든 삼각형의 지붕 구조를 오월학교에서는 모든 공간에서 발견할 수 있다. 건축가는 천장을 뜯어내는 과정에서 만난 반가운 풍경에 상부를 마감하지 않고 과감히 노출했다. 하지만 40년 이상 사용한 구조물을 유지하기는 쉽지 않았다. 특히 지붕을 지지하던 벽은 오랫동안 관리되지 않은 탓에 하중을 버티기에는 턱없이 낡았다. 이에 공간 중앙에 새로운 벽을 설치하고 카페와 스테이를 구분 짓는 경계로 활용했다. 트러스를 드러내며 알게 된 사실도 있다. 건물을 보면 스테이와 레스토랑의 트러스 모양이 조금씩 다르다. 이에 대해 건축가는 "학교로 쓰이던 시절에 건물을 증축했을 것"이라며 그 시절의 모습을 추측한다.

인터뷰이 **지랩 노경록 대표**
사진 **texture on texture**

분교 시절의 모습을 엿볼 수 있는 오월학교의 전경

카페에서는 이따금 파티션 벽을 닫고
소소한 수업을 열기도 한다.

시간의 흔적을 간직한 카페

카페에는 스테이에 머무르는 손님부터 공방 체험을 하는
가족, 잠시 방문한 이들까지 다양한 사람들이 모인다.
건축가는 다채로운 인원 구성에 대응할 수 있도록 작은
테이블과 큰 테이블을 함께 배치했다. 그리고 두 테이블
사이에 파티션처럼 여닫을 수 있는 벽을 세웠다. 큰 테이블은
평소에는 카페의 일부로 쓰이지만 벽을 닫으면 분리된
공간으로 사용할 수 있고, 이따금 소소한 수업이 열리기도
한다. 한 가지 재미있는 사실은 이 파티션 벽이 40년 전에는
학교 강당의 바닥이었다는 것이다. 건축가는 "마루의
상태가 좋으니 흔적을 보존하자는 의미에서 사용했다"고
말한다. 이렇듯 오월학교에서는 쉽게 버려질 법한 요소들
마저도 값진 보물이 된다. 하지만 초기 계획과 달리 바닥재를
뜯는 과정에서 일부가 훼손되어 벽 전체에 적용하지는
못했고 외관이 비슷한 나왕 집성목을 일부 섞었다. 자세히
들여다보면 벽 곳곳에 손가락으로 깍지를 낀 듯한 모양의
핑거조인트가 있는데, 이렇게 결합부가 보이는 것이 새로
추가된 목재다.

복층으로 구성된 스테이.
1층은 이야기를 나누는
공간으로, 2층은 아늑한
침실로 조성했다.

숲의 포근함을 품은 스테이

한때 십여 명의 아이들이 모여 수업을 듣던 교실은 이제 가족들이 머물고 쉬어 가는 공간이 되었다. 스테이는 분교의 구조를 그대로 유지하면서 복층으로 구성했다. 1층에는 단이 낮은 벤치를 설치해 이야기를 나누는 공간을 조성하고 침실은 2층으로 분리해 아늑하게 꾸몄다. 뒤편에는 방킬라이Wti21로 마감한 작은 테라스를 두어 명상을 하기에 좋은 장소를 만들었다.

    스테이는 기존의 학교 구조를 그대로 유지하였기에 좁게 느껴질 수 있었지만, 욕실을 제외한 대부분을 화이트 오크로 톤을 맞춰 답답함을 덜어냈다. 트러스가 노출되는 천장에는 결이 희미한 합판을 적용해 구조가 돋보이도록 했다.

Space

곱게 주름진

산양 양조장

인터뷰 **스튜디오 히치** Studio HEECH **박희찬 대표**
자료 제공 **스튜디오 히치**(별도 표기 외)

건축물을 기계적으로 복원하는 것은 허무는 것만큼이나 역사적 가치를 훼손하는 일이다. 스튜디오 히치의 박희찬 대표는 "건물의 가치를 보존하는 일은 무엇을 남기고Conservation 복원Restoration하며, 어떤 부분에 개입Intervention할지를 판단하는 것에서부터 시작한다"고 말한다. 60년을 살아온 목구조에 구조용 집성재(이하 글루램)와 벽돌로 살을 더해 시간의 켜를 쌓은 산양 양조장을 들여다보았다.

역사의 순간을 포착하다

산양 양조장은 1944년에 일식 목구조 양식으로 지어진 전통 양조장이다. 특이한 점은 가느다란 목재로 뼈대를 세웠던 당시의 보편적인 목조건축물과 달리 가구식과 벽식 구조가 혼재되어 있다는 점이다. 이처럼 독특한 형태는 '양조장'이라는 용도로부터 기인했다. 술을 숙성하려면 온도와 습도를 통제할 수 있는 밀폐된 구조의 발효실이 필요하다. 하지만 뼈대를 세워서 구조를 만드는 1940년대의 일식 목구조로는 외기를 완벽하게 차단하기 어려웠다. 그래서 벽식 구조를 가미해 밀폐된 공간을 만들었다. 산양 양조장 역시 가늘고 정교한 목재 프레임과 왕겨를 채운 900mm 두께의 벽식 구조를 함께 배치했다. 건축가는 일부 벽을 허무는 과정에서 드러난 단면을 유리로 덮어 그 시절의 건축물에서만 볼 수 있는 흔적을 방문자와 공유한다.

    이렇게 술을 익히던 발효실은 크고 작은 문화 행사가 열리는 다목적 홀로 탈바꿈했다. 왕겨로 채운 두께 900mm의 벽에는 양조장으로 쓰이던 시절부터 리노베이션 과정까지 80여 년의 세월을 아카이빙한 자료가 전시되어 있어 공간의 변천사를 함께 즐길 수 있다.

1 1940년대 양조장으로 운영되던 시절, 발효실 내부의 모습
2 스튜디오 히치의 손길을 거쳐 재탄생한 발효실. 일부 벽을 허물어 개방감을 주었다.

1 썩어버린 목기둥의 하부를 절단하고 T형 철물로 새 목재를 연결한 모습
2 900mm 두께의 벽이 있던 자리에 글루램 기둥을 세워 구조를 보강했다.

세월의 켜를 쌓다

산양 양조장에서는 낡은 고목부터 글루램까지 구조와 마감을 위해 사용된 다양한 종류의 목재를 경험할 수 있다. 그중에서도 특히 눈에 띄는 요소를 꼽으라면 지붕을 지지하는 삼각형의 목제 트러스다. 목제 트러스는 1940년대에 산업화가 이루어지면서 생겨난 시스템이다. 철제 트러스를 사용하는 지금은 찾아볼 수 없는, 건축의 근대화를 상징하는 요소다. 박희찬 대표는 이러한 역사적 가치를 고려해 발효실의 트러스를 그대로 보존했다. 왕대공과 평보를 감잡이쇠로 연결한 모습은 20세기 초 근대 목구조의 원형을 고스란히 보여준다. 반면 남측과 북측을 연결하는 작업실의 기둥은 너무 많이 훼손된 탓에 보존이 어려웠다. 그래서 글루램으로 부재를 대체하고, 그에 맞춰 연결 부위와 접합 방식을 새로 계획했다. 설계 후에는 공장에서 생산하는 프리패브리케이션 공법으로 시공했다. 목수들이 현장에서 보수하는 일반적인 목조 건축물과는 조금 다른 풍경이다. 건축가는 "과거의 기술이나 방식을 답습하기보다는 우리 시대에 맞는 기술과 기법을 적용하려 했다"고 말한다.

누군가는 목구조를 번거롭고 연약한 시스템이라고 말한다. 하지만 박희찬의 생각은 다르다. "목구조는 재료 특성상 시간이 지나면 썩어서 보수해야 합니다. 하지만 그 과정에서 새로운 기술이 더해지면서 공간의 수명이 늘어나고 완성도는 더욱 높아집니다. 예들 들어 오랜 시간이 흘러 썩어버린 목재 기둥은 훼손된 부위를 자르고 새로운 부재로 연결하면 예전의 모습을 간직하면서도 안정적으로 본래 성능을 발휘할 수 있죠. 그런 면에서 목구조는 지속 가능한 건축이라 볼 수 있어요."

과거 발효실이었던 공간은 80여 년의 세월을 아카이빙한 전시실이자 다목적 홀로 탈바꿈했다.

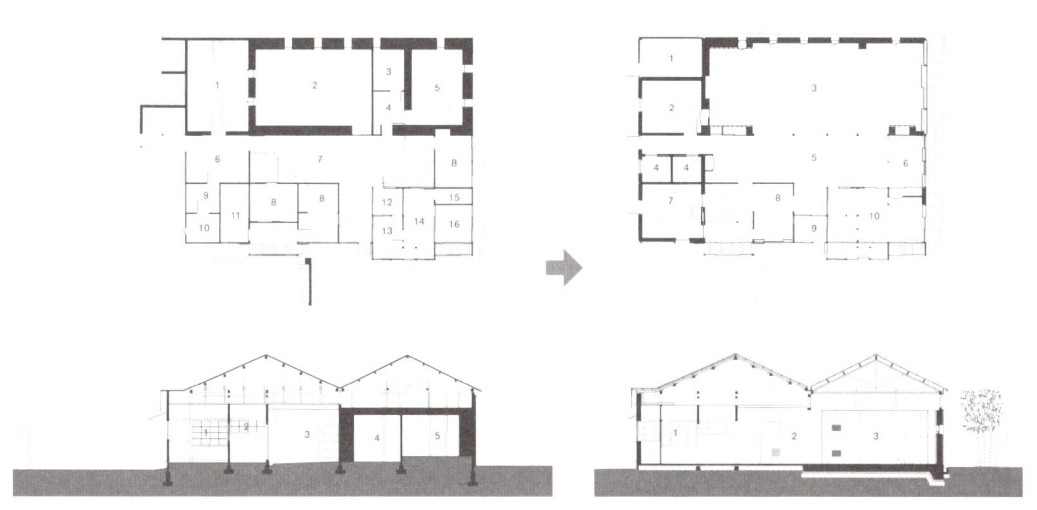

산양 양조장 변경 전 (1944)

1 창고 2 발효실 3 효모 배양실 I 4 로비 5 효모 배양실 II 6 로비 7 작업실 8 방 9 창고
10 보일러실 11 주방 12 사무실 13 리셉션 14 검사실 15 화장실 16 직원 휴게실

산양 양조장 변경 후 (2020)

1 기계실 2 창고 3 다목적 홀 4 화장실 5 리셉션 6 회의실 7 주방 8 카페
9 로비 10 사무실

Space

소나무 숲을 닮은

더 포레스트

인터뷰이 **건축사사무소 아이디에스**
배기철, 이도형 공동대표
사진 **박영채**

지역을 홍보할 목적으로 설치하는 조형물은 대개 특산품을 캐릭터화하거나 형형색색으로 칠하는 등 눈에 띄는 모습으로 지어진다. 건축사사무소 아이디에스는 주변을 고려하지 않고 맥락없이 세워지는 조형물에 새로운 방향을 제안한다. 하동의 울창한 소나무 숲을 닮은 목구조 파빌리온, 더 포레스트the forest를 통해 지역성과 조형물의 관계를 살펴보았다.

하동의 정취를 담은 목재 파빌리온

섬진강 기슭 옆으로 길게 늘어선 송림공원은 250여 년 전 모래바람을 막기 위해 조성된 소나무 숲이다. 인공적으로 만들어졌지만 면적이 2만 6,400m²에 달할 정도로 넓고, 공원 안의 소나무Wc01만 해도 900그루가 넘는다. 하동군에서는 이렇게 역사가 깊은 공원 앞에 광장을 만들고 하동이 가장 북적이던 시기를 추억하는 1970관을 지었다. 하지만 정작 광장에서는 소나무의 정취가 느껴지지 않는다. 광장을 주차장으로 이용하고 그 주변으로는 4~5층 규모의 숙박업소가 즐비하게 늘어서면서 전망을 가린 탓이다. 본래의 목적을 잃은 광장에 건축사사무소 아이디에스는 목구조 조형물을 설치해 활기를 더했다.

프로젝트를 진행하면서 가장 중요하게 고려했던 점을 묻는 질문에 건축가 배기철은 "지역에서 자라거나 장소와 어울리는 재료를 사용하는 것"이라고 답한다. 실제로 더 포레스트는 송림공원과 결을 맞춰 낙엽송Wc02으로 지어졌다. 사실 처음에 고려했던 소재는 낙엽송이 아니라 하동의 특산물 중 하나인 대나무였다. 대나무는 특유의 마디 구조가 하중을 지지하여 해외에서는 일찍부터 구조재로 사용했다. 하지만 국내에는 지어진 사례가 없었기에 적용하려면 먼저 구조 성능을 검토하고 설치 방식을 개발해야 했다. 결국 최종적으로는 구조재로 활용도가 높은 낙엽송을 쓰게 됐다.

하동 1970관 앞에 자리한 더 포레스트 전경. 파빌리온이 들어서자 주차장으로 이용되던 무미건조한 공간에 사람들이 모이기 시작했다.

입면체를 확장하는 방식으로 벤치를 만들어 파빌리온 곳곳이 활용되도록 했다.

목재 사이사이의 공간이 만드는 쉼터

건축가는 "공간에서 가장 중요한 요소는 사용자"라며 "이곳에서 이루어질 행위를 상상하면서 파빌리온을 계획했다"고 말한다. 다양한 경험을 제공하기 위해 건축가가 선택한 방법은 입체 그리드다. 더 포레스트는 가로, 세로, 높이가 45cm인 정육면체의 그리드를 겹겹이 쌓은 구조다. 언뜻 정글짐처럼 보이기도 하지만 오르내리면 떨어질 위험이 있어 아이들의 손보다 조금 큰 60×60×450mm 크기의 각재를 사용했다. 그리고 기본 모듈을 여러개 연결해서 입면체를 확장하는 방식으로 공간에 프로그램을 더했다. 지면으로부터 한 단 높은 위치에 만든 벤치에는 동네 어르신들이 앉아 이야기를 나누고, 최상층은 1970관의 2층 테라스와 연결되어 전망대 겸 산책로로 쓰인다. 기둥 사이 공간에서는 아이들이 뛰어다니며 술래잡기를 하기도 한다.

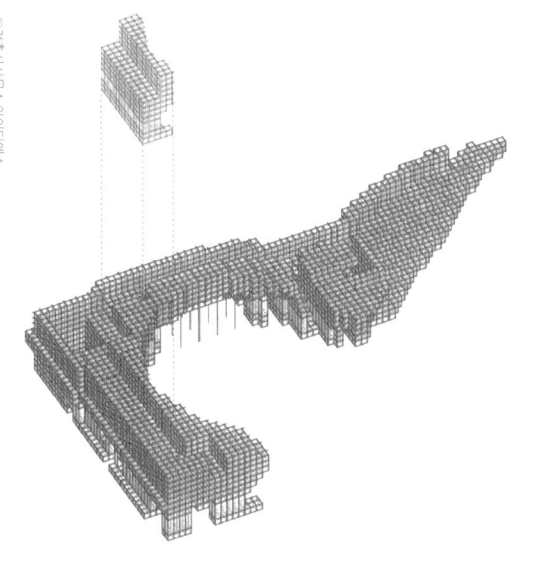

목재 그리드가 만드는 숲

직육면체가 반복되는 구조는 단순해 보이지만 외부에 설치하는 데다 목재로 거대한 조형물을 만든 사례가 없었던 터라 많은 시행착오를 거쳐야 했다. 가장 큰 문제는 습도에 따라 비틀어지는 물성이었다. 더 포레스트는 모든 부재가 구조재로 기능하기 때문에 하나만 비틀려도 문제가 생길 수 있다. 배기철은 이를 방지하기 위해 제작 단계부터 모든 부재에 햇빛 차단제와 외기에 강한 스테인을 도포했다. 일반적으로 목구조 파빌리온은 2~3년에 한 번씩 스테인을 바른다. 그러나 더 포레스트는 항상 외부에 노출되기 때문에 완공하고 6개월 후에 한 번, 이후에는 2년마다 도포하기를 제안했고, 이것이 힘든 경우 규화제를 사용하기를 권했다. 또 두 개의 정육면체를 한 번에 시공하는 모듈 구조로 계획해 부재가 비틀려도 구조적으로 문제가 생기지 않도록 했다. 모듈은 철물-반턱-철물의 구조가 90cm마다 반복되는 형태로, 양쪽의 수직 기둥에 원통형의 철심을 끼우고 45cm 지점에서 수평부재의 암수를 맞춰 고정한다. 이러한 구조에 맞는 하드웨어가 없어 철물을 제작하는 이들과 상의하며 함께 개발했고, 두 차례의 목업 테스트를 거쳐 구조 안전성을 확인했다.

목재는 사람처럼 숨을 쉬는 재료이기 때문에 적용하는 과정이 까다롭고, 설치한 후에도 세심하게 관리해야 한다. 관리가 번거롭다는 이유로 도장을 하게 되면 소재는 본연의 물성을 잃게 된다. 목재를 사용한다면 서서히 늙어 가는 모습을 지켜보는 것도 중요하다. 그간 여러 프로젝트를 통해 목재의 가능성을 보여준 배기철은 "목재는 오랫동안 사용하다 보면 연필심처럼 회색빛을 띄게 된다. 사람이 나이를 먹듯 목재가 늙어 가는 모습을 지켜봐 주었으면 한다"고 말한다. 어쩌면 우리가 목재를 사랑하는 이유도 자연의 이치에 순응하며 함께 익어가는 친근함 때문은 아닐까?

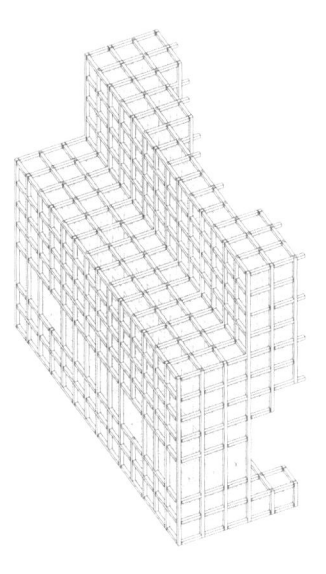

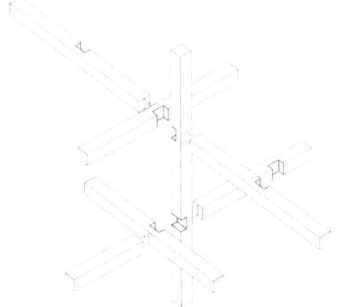

90cm마다 철물-반턱-철물이 반복되는 구조를 적용해 368m²의 거대한 구조물을 완성했다.

5

SUPPLEMENT

Supplement

탄소중립
실천하기

글 정경화

국가와 기업 간의 협약부터 일상에서 개인이 실천하는 활동까지, 탄소배출을 줄이기 위해 도입된 다양한 제도를 소개한다.

국가와 기업이 앞장서다
탄소배출권 거래제

세계적으로 온실가스의 배출을 규제하는 제도는 탄소배출권(CER, Certified Emission Reduction) 거래제와 탄소세가 대표적이다. 그중에서도 탄소배출권 거래제는 시장 원리에 기반해 규제를 최소한으로 하면서 더 많은 양의 탄소를 줄이는 효과적인 제도로 꼽힌다. 탄소배출권은 국가 또는 기업이 기후변화의 주범인 여섯 가지 온실가스(이산화탄소, 메탄, 이산화질소, 수소불화탄소, 과불화탄소, 육불화황)의 배출 한도를 책정하고 그 양만큼만 배출하도록 하는 권리를 의미한다. 1997년 교토의정서 Kyoto Protocol가 채택되면서 탄소배출권을 물건처럼 사고파는 제도가 처음 등장했고 2005년 본격적으로 시작됐다. 해당 국가와 기업은 주어진 탄소배출 한도를 지켜야 하고, 온실가스를 줄인 실적을 유엔 기후변화협약에 등록하면 감축한 양만큼 탄소배출권을 받게 된다. 역으로 정해진 기간 안에 배출량을 줄이지 못하면 배출량에 여유가 있는 사업체에 돈을 주고 구입해 부족한 양을 보전해야 한다.

우리나라에서는 2015년부터 탄소배출권 거래제를 시행하고 있다. 정부는 연평균 12.5만 tCO_2-eq[1]이 넘는 온실가스를 배출하거나 사업장에서 2.5만 tCO_2-eq 이상을 배출하는 업체를 선별해 1년 단위로 배출권을 할당한다. 대상 업체들은 그 범위 내에서 온실가스를 배출하고, 남거나 추가로 배출한 양은 배출권으로 환산하여 한국거래소 KRX를 통해 거래한다. 시행 첫해인 2015년, 123만 2097t이었던 국내 탄소배출권 시장의 거래 규모는 2020년에는 1918만 9249t으로 15배 넘게 증가했다. 같은 기간 동안 거래 대금은 139억 원에서 6208억 원으로 40배 이상 늘었다. 그러나 시장이 빠르게 커진 것에 비해 무상 배출권의 양이나 업종, 업체별 할당량의 불균형으로 인해 제도가 원활하게 작동되지 못한 경우도 많다. 정부는 기준을 가다듬고 정책을 보다 세분화하여 2017년 기준 7억 910만 t인 온실가스 배출량을 2030년에는 5억 3600만 t으로 줄이는 것을 목표로 하고 있다.

※
도서 재판일(2025년 6월)을 기준으로 운영하지 않거나 표기된 정보의 변경이 있는 경우도 있으니 반드시 확인하도록 하자.

모두가 함께 참여하는
탄소포인트제

탄소포인트제는 일상에서 누구나 온실가스 감축에 참여하고 에너지 절약을 실천할 수 있도록 하기 위해 마련된 제도다. 전기, 상수도, 도시가스 부문에서 에너지 사용량을 절약한 정도를 평가하고 이를 탄소포인트로 환산해 지급한다. 과거 1~2년간 월별 평균값과 현재의 사용량을 비교하여 감축률이 5% 이상이면 탄소포인트를 받을 수 있다. 지급받은 포인트는 현금이나 상품권, 종량제 봉투, 공공시설 이용 바우처 등으로 교환해 사용한다. 에너지 사용량을 계량기나 고지서로 확인할 수 있는 곳이라면 가정집부터 상업시설, 아파트 단지, 학교까지 어느 곳이든 참여가 가능하다. 참여를 원한다면 탄소포인트제 홈페이지를 통해 가입하거나 관할 시·군·구 담당 부서에 방문하여 신청하면 된다. 서울시에서는 에코마일리지라는 이름으로 따로 운영하고 있으니 서울에 거주한다면 이곳을 통해 참여하자.

cpoint.or.kr

고쳐 쓰고 바꿔 쓰고
그린리모델링

정부는 2050 탄소중립을 목표로 여러 가지 실천 방안을 시행한다. 건축 분야의 경우, 기존 건축물은 노후 설비를 교체하고, 새로 짓는 건물은 제로에너지건축물을 보급하는 두 가지 방향으로 사업을 전개하고 있다. 그린리모델링은 그중 전자에 해당하는 사업이다. 본래 건축물은 시간이 지날수록 설비가 낡아 쾌적함이 떨어지고 에너지 효율이 낮아진다. 그 결과 냉난방 비용이 증가하고 온실가스나 미세먼지의 배출량도 늘어난다. 낡은 설비는 에너지 효율이 더 높은 최근 제품으로 교체하는 것이 건축물의 수명을 늘리고 지구 환경에도 이롭다. 그린리모델링은 이러한 생각을 바탕으로 노후화된 건축물을 리모델링하여 건물의 에너지 성능을 개선하는 데 목적을 둔다.

국토교통부와 한국토지주택공사에서는 실천을 장려하기 위해 이 사업으로 공사를 진행하는 경우 비용의 일부를 보조한다. 민간 건축물의 경우 건축주가 그린리모델링 사업자와 함께 온라인으로 사업을 신청하면 정부에서 금융기관의 공사비 대출 서비스를 연결해 주고 이자의 일부를 지원한다. 공동주택이나 단독주택, 비주거 건축에서 외부 창호 교체와 같이 단열을 비롯한 에너지 성능을 개선하는 공사를 한 가지 이상 수행한다면 누구나 신청할 수 있다. 그린리모델링 사업자는 그린리모델링 창조센터 한국토지주택공사 홈페이지에서 지역별로 확인할 수 있다. 그린리모델링센터 누리집에서는 대략의 공사 비용과 에너지 절감 효과를 검토해 주는 서비스도 함께 제공한다.

공공건축물의 경우 준공 이후 10년이 지난 어린이집과 보건소, 의료시설 등을 대상으로 사업비를 보조한다. 서울특별시와 관할 구, 중앙행정기관, 공공기관이 추진하는 사업은 전체 사업비의 50%를, 이 밖에 지방자치단체가 추진하는 사업은 전체 사업비의 70%까지 지원한다. 공모를 신청하기 전에 미리 사전조사와 컨설팅을 받을 수 있고 건축물로 선정되면 전문가가 에너지 설계와 구체적인 기획을 돕는다.

greenremodeling.or.kr

0으로 수렴하는
제로에너지건축물 인증

제로에너지건축물의 사전적 정의는 건물이 사용하는 에너지와 자체적으로 생산하는 에너지의 합이 0을 이루는 것을 뜻한다. 반면 정책에서는 건물이 소비하는 에너지를 최소화하고 화석연료 대신 신재생에너지를 최대한 활용하는 건축물을 의미한다. 제로에너지빌딩 인증은 이러한 건축물을 대상으로 에너지자립률을 평가해 1~5등급으로 인증을 부여하는 제도다. 인증을 받기 위해서는 건축물 에너지효율등급은 1++, 에너지자립률은 20% 이상을 만족하고 건물에너지 관리시스템BEMS 또는 원격검침 전자식 계량기를 설치해야 한다.

우선 건축물 에너지효율등급 인증은 건물 전체의 연간 에너지소요량을 바닥면적으로 나눠 산출한 양을 기준으로 등급을 10단계로 구분한다. 주거용 건축물의 경우 90 kWh/m²·년 미만, 주거용 외의 건축물은 140 kWh/m²·년 미만을 만족해야 1++등급 이상을 받을 수 있다. 에너지자립률은 건물에서 소비하는 에너지 중 태양광이나 지열 등의 신재생에너지 생산량이 차지하는 비율로, 인증을 받으려면 20% 이상이 되어야 한다.

이 제도는 2014년에 기본계획을 수립해 2017년 처음 도입되었고, 2020년부터는 연면적이 1,000m² 이상인 공공건축물이라면 의무적으로 인증을 받도록 하고 있다. 2023년에는 범위를 500m² 이상인 공공건축물까지, 2025년에는 1,000m² 이상인 민간 건축물과 30세대가 넘는 공동주택까지 넓힐 예정이다.

신축하려는 건축물이 인증 의무 대상에 해당하는 경우, 건축주는 우선 에너지 절약 설계 기준에 맞춰 건축물을 설계해 예비인증을 받는다. 이후 건축물이 완공되고 사용 승인을 검토할 때 관련 서류와 건물에너지 해석 프로그램을 통한 실제 에너지 소요량을 평가한 후에 비로소 최종적으로 인증을 받게 된다. 인증을 취득하면 건축 허가 기준을 완화받거나 세금, 자금 지원 등의 혜택을 받을 수 있다.

zeb.energy.or.kr

> **Tip** 탄소, 얼마나 줄여야 돼?
>
> 1.5℃와 탄소중립은 기후위기 극복을 위한 전 지구적 핵심 키워드다. 1.5℃는 산업화가 진행된 시점부터 2100년까지 지구 평균 기온의 상승 폭이 1.5℃를 넘지 않도록 함을 의미한다. 이를 달성하기 위해 2030년까지 이산화탄소 배출량을 2010년 대비 최소 45% 이상 감축하고, 2050년에는 온실가스 순 배출량을 0으로 만드는 것이 목표다.

1) 이산화탄소상당량톤(tCO$_2$-eq):
   이산화탄소 1t 또는 지구온난화에 미치는 영향이 이산화탄소 1t에 상당하는 기타 온실가스의 양을 뜻한다.

참고자료

단행본
- 배기철·이도형. 『木의 건축』. 청아출판사, 2021.
- 구마 겐고. 『구마 겐고, 건축을 말하다』. 이정환 역. 나무생각, 2021.

정기간행물
- 정영선, 허정호. 「건축물 생애과정에서의 이산화탄소 배출량 계산 프로세스에 관한 연구」. 『한국태양에너지학회 논문집』, 31, 1(2011): 23-30. doi:10.7836/kses.2011.31.1.023
- 이진원, 박창훈. 「바이오에너지의 종류와 생산방법」. 『NICE (News & Information for Chemical Engineers)』, 29, 4(2011): 493-499. uci:I410-ECN-0102-2012-580-002183337
- 배은석, 오규식. 「전과정평가에 기반한 서울시 아파트의 이산화탄소 배출량 분석」. 『국토계획』, 50, 3(2015): 335-354. doi:10.17208/jkpa.2015.04.50.3.335
- 엄영근. 「친환경 건축재료로써의 목재와 공학목재」. 『공기청정기술』, 20, 2(2007): 26-49.

학위논문
- 최성철. 「선반과 판재 짜맞춤 기법을 응용한 식탁용품 연구」. 석사학위, 중앙대학교 대학원, 2006.
- 백만기. 「짜맞춤 결구를 활용한 가구디자인에 관한 연구 : 삼방장부짜임(Triangular Joint)을 중심으로」. 석사학위, 홍익대학교 대학원, 2020.
- 허은정. 「전통기술의 디지털 콘텐츠화 연구 : 전통 짜맞춤의 디자인 활용방안을 중심으로」. 석사학위, 전북대학교 일반대학원, 2017.

보고서
- 이동흡. 『목재를 이용한 주거환경이 지구환경 및 인간의 신체발달과 정서에 미치는 영향』. (발간등록 번호: 11-1400377-000584-01). 국립산림과학원, 2012.
- 산림청. 『목재제품의 생산수입유통 시장조사』. 2019.
- 환경부·한국환경공단. 『2019년도 전국 폐기물 발생 및 처리현황』. (발간등록 번호: 11-1480000-001552-10). 2020.

웹페이지
- 경민산업㈜ kmbeam.co.kr
- 국립산업과학원 nifos.forest.go.kr
- 산림조합중앙회 중부목재사업본부 woodkorea.or.kr
- 산림청 forest.go.kr
- 신스랩 건축 shinslab.net
- 스튜디오 히치 studioheech.com
- 에스와이우드 sywood.co.kr
- 유빌드 u-build.org
- 지랩 z-lab.co.kr
- ㈜건축사사무소 아이디에스 idsgrape.com
- 블루머 레만 lehmann-gruppe.ch

건축재료 처방전

<감 매거진GARM Magazine>은 자신의 공간을 스스로 만들 수 있는
최소한의 방법을 안내합니다. 그 시작은 건축의 가장 작은 단위인
재료에 대한 고찰입니다.
'감'은 순우리말로 재료를 뜻합니다. 감의 씨앗인 '감씨garmSSI'는
감 매거진을 만드는 에잇애플8apple의 출판 브랜드로, 당신의 공간에
적합한 재료를 소개하고 더 나아가 개인의 창조력을 현실화하는
방법을 함께 논의합니다.

 감씨는 에잇애플에서 발행하는
건축재료 단행본 시리즈의 브랜드입니다.